U0660491

"十三五"国家重点出版物出版规划项目

应用语言学
核心话题系列丛书
Key Topics in
Applied Linguistics

● 语料库语言学
Corpus Linguistics

KEY TOPICS

外语学科核心话题
前沿研究文库

语料库与话语研究

*

Corpora and Discourse Studies

许家金 著

外语教学与研究出版社
FOREIGN LANGUAGE TEACHING AND RESEARCH PRESS
北京 BEIJING

图书在版编目（CIP）数据

语料库与话语研究：汉文、英文／许家金著. —— 北京：外语教学与研究出版社，2019.5（2023.12 重印）

（外语学科核心话题前沿研究文库. 应用语言学核心话题系列丛书. 语料库语言学）

ISBN 978-7-5213-0888-4

I. ①语… II. ①许… III. ①语料库－话语语言学－汉、英 IV. ①H0

中国版本图书馆 CIP 数据核字 (2019) 第 091707 号

出 版 人　王　芳
选题策划　常小玲　李会钦　段长城
项目负责　解碧琰
责任编辑　段长城
责任校对　解碧琰
装帧设计　杨林青工作室
出版发行　外语教学与研究出版社
社　　址　北京市西三环北路 19 号（100089）
网　　址　https://www.fltrp.com
印　　刷　北京九州迅驰传媒文化有限公司
开　　本　650×980　1/16
印　　张　15.5
版　　次　2019 年 5 月第 1 版　2023 年 12 月第 8 次印刷
书　　号　ISBN 978-7-5213-0888-4
定　　价　59.90 元

如有图书采购需求，图书内容或印刷装订等问题，侵权、盗版书籍等线索，请拨打以下电话或关注官方服务号：
客服电话：400 898 7008
官方服务号：微信搜索并关注公众号"外研社官方服务号"
外研社购书网址：https://fltrp.tmall.com

物料号：308880001

记载人类文明
沟通世界文化
www.fltrp.com

　　本书系教育部人文社会科学重点研究基地重大项目子课题"大数据视野下的外语及外语学习研究"（17JJD740003）阶段性成果。

出版前言

　　随着中国特色社会主义进入新时代，国家对外开放、信息技术发展、语言产业繁荣与教育领域改革等对我国外语教育发展和外语学科建设产生了深远影响，也有力推动了我国的外语学术出版。为梳理学科发展脉络，展现前沿研究成果，外语教学与研究出版社汇聚国内外语学界各相关领域专家学者，精心策划了"外语学科核心话题前沿研究文库"（下文简称"文库"）。

　　"文库"精选语言学、应用语言学、翻译学、外国文学研究和跨文化研究五大方向共25个重要领域100余个核心话题，按一个话题一本书撰写。每本书深入探讨该话题在国内外的研究脉络、研究方法和前沿成果，精选经典研究及原创研究案例，并对未来研究趋势进行展望。"文库"在整体上具有学术性、体系性、前沿性与引领性，力求做到点面结合、经典与创新结合、国外与国内结合，既有全面的宏观视野，又有深入的细致分析。

　　"文库"项目邀请国内外语学科各方向的众多专家学者担任总主编、子系列主编和作者，经三年协力组织与精心写作，自2018年底陆续推出。"文库"已获批"十三五"国家重点出版物出版规划项目，作为一个开放性大型书系，将在未来数年内持续出版。我们计划对这套书目进行不定期修订，使之成为外语学科的经典著作。

我们希望"文库"能够为外语学科及其他相关学科的研究生、教师及研究者提供有益参考，帮助读者清晰、全面地了解各核心话题的发展脉络，并有望开展进一步深入研究。期待"文库"为我国外语学科研究的创新发展与成果传播作出更多积极贡献。

外语教学与研究出版社
2018年11月

"外语学科核心话题前沿研究文库" 学术委员会

主　任: 孙有中　王克非　王文斌　文秋芳　张　剑

委　员: 蔡金亭　陈　红　刁克利　董燕萍　高一虹　韩宝成
　　　　黄立波　蒋　严　马秋武　秦洪武　司富珍　谭惠娟
　　　　王东风　王立非　徐　浩　许家金　许　钧　杨金才
　　　　袁毓林　张　辉　张　威　朱　磊

"应用语言学核心话题系列丛书" 编委会

主　任: 文秋芳

委　员: 蔡金亭　董燕萍　高一虹　韩宝成　王立非　徐　浩
　　　　许家金

语言习得系列主编: 蔡金亭
社会语言学系列主编: 高一虹
心理语言学系列主编: 董燕萍
语料库语言学系列主编: 许家金
语言测评系列主编: 韩宝成
二语写作系列主编: 王立非
外语教师教育系列主编: 徐　浩

目录

总序

　　当前国际范围内对应用语言学的认识以"国际应用语言学协会"（Association Internationale de Linguistique Appliquée，AILA）给出的定义最具代表性（De Bot 2015：26‑31）。该协会认为：应用语言学是研究现实语言问题的交叉学科。相关语言问题可借助既有语言学理论和方法，也可采用新创的理论思路或手段加以解决。语言教学、社会语言学、语料库语言学、跨文化交际、语言政策与规划等是应用语言学的常见领域。上述理解已渐成共识，主流期刊（如*Applied Linguistics*）与最新出版的《应用语言学手册》和《语言学与应用语言学百科全书》涵盖范围也大致如此。

　　虽说应用语言学学科分支广泛而多元，但不难看出所谓的狭义应用语言学，即语言的教与学，仍是热门的话题，相关成果也令人瞩目。究其原因，早在1964年召开的第一届国际应用语言学大会（AILA World Congress）上，语言教学便是首要议题。其后几十年来，应用语言学的疆域不断延展，而语言教学研究的热度则长盛不衰。在这一进程中，语言教学领域不断分化，譬如按语言构成、语言技能、语言教学环节、语言教学主体、语言教学机制等，衍生出语音、词汇、语法、语篇、语用教学，听说读写译教学，课堂教学与语言测评，学习者及教师、中介语和语言习得的社会和心理机制等相关教学及研究。此次"应用语言学核心话题系列丛书"设立的语言习得、社会语言学、心理语言学、语料库语言学、语言测评、二语写作、外语教师教育等子系列，正是我国发展较快的几大核心领域。

现代意义上的语言教学理论探讨，可追溯到20世纪20、30年代英美学者在中国（以Lawrence Faucett为代表）、日本（以Harold Palmer为代表）、印度（以Michael West为代表）开展的英语教学实践和理论总结（Howatt & Smith 2014：85）。随着1941年密歇根大学"英语研究所"（English Language Institute）的成立以及Charles Fries（1945）*Teaching and Learning English as a Foreign Language*一书的出版，语言教学研究大势渐成。其后，各类应用语言学组织、会议、专论和学刊如雨后春笋般涌现。

我国应用语言学的发展历程与改革开放同步。在桂诗春先生等先驱开辟的广阔天地里，从引介到创新（何莲珍 2018；王初明 2018），应用语言学走过了锐意进取、成果丰硕的四十年。在研究领域方面，我国应用语言学研究的主体也是语言教学，尤其是英语教学和对外汉语教学。即便是我国的语料库语言学研究，也以英汉中介语分析为最盛，意在解决语言学习问题。在研究成果方面，中国大陆学者在过去十余年里产出的高水平应用语言学研究成果令人瞩目，高影响因子英文论文数量激增（Lei & Liu 2018）。我国应用语言学学者正以实际行动赢得国际学术话语权，提升国家文化软实力。

更令人欣喜的是，以文秋芳"产出导向法"、王初明"续理论"等为代表的中国特色理论探索与实践创新，均表明我国应用语言学学者正从西方思想搬运工向中国理念设计师转变。在此过程中，理论本身的完善和学界思想的碰撞在所难免。但不可否认，聚焦语言运用与语言教学中的真问题，有意识地建构本土特色应用语言学理论（另见崔希亮 2007：8），是我国学者责无旁贷的使命。

本系列丛书正是坚守传承与创新的使命，本着梳理学科发展脉络，展现前沿研究成果的宗旨，从应用语言学不同领域的核心话题入手，评述相关理论与实践的沿承、探索与发展，力求体现学术性、系统性、前沿性与引领性。下面对各子系列作一简介。

语言习得系列

主编为蔡金亭教授。该系列从语言本体、认知、社会等多视角考察语言习得的影响因素、过程与结果。该系列有三个特点。第一，专家写专题。该系列首批包括四本书：《二语词汇习得研究》《母语迁移研究》《二语互动研究》和《二语的外显学习与内隐学习》。因其独特的重要性，这些专题几十年来一直备受关注，佳作纷呈，亟须我国外语教师和研究人员了解其历史和现状。四位作者均在各自领域深耕多年，具有丰富的经验与独特的视角。第二，理论、实证、方法有机结合。所有专著都在介绍相关概念理论的基础上，系统梳理了国际及国内的实证研究，并对相关研究方法进行了专门归纳。第三，客观梳理与主观评论兼顾。作者在综述各领域的研究时，一方面以具体研究问题为主线对前人研究进行系统梳理，另一方面从研究内容、研究方法、结果与讨论等方面进行有针对性的评论，既帮助读者了解现状，又激发读者对未来研究进行思考。

社会语言学系列

主编为高一虹教授。社会语言学是研究语言与社会关系的交叉学科，大致可分为较为宏观的部分（如语言政策与规划）和较为微观的部分（如语言变异）。社会语言学描述现实情境中的语言现象，并对其进行解释。就对材料解释的理论视角而言，社会结构与个人主体能动性构成主要的关系，强调社会结构对语言行为影响的称为"社会结构主义"，强调个体在与环境互动中之能动性的称为"社会建构主义"。从半个世纪本学科的发展来看，有一个从社会结构主义向社会建构主义逐渐发展的过程。这一发展体现在子领域内部的研究取向、解释视角以及研究话题的转向、新概念和子领域的兴起等。"社会语言学系列"首批包括四本书。第一本是《社会语言学视角下的共同体》。这是社会语言学兴起时的原始核心话题，关注社会结构因素对语言的影响。后来变异研究和共同体研究经历了从结构观向建构观的发展过程。因此这是一个经典而又崭新的领域。第二本是《社会语言学视角下的言语交际》。它聚焦个体的交际过程，包括称谓语、礼貌、交际策略等多个方面，与语用学、修辞学等有交叉。在这个子领域，建构观的影响更加突出。第三本是《从世界英语到国际通用英语》。该话题可以说是语言变异研究的延伸，能为传统上以"本族语"为样板的外语教学提供较开阔的社会视角。第四本是《语言态度与语言认同》。这实际是两个相互关联的话题，其中语言态度受到持续关注，而语言认同近一二十年来才成为社会语言学中的显性和热门话题。这四本书只涉及了社会语言学的一部分内容，较偏向微观。我们期待以后将更多的话题介绍给国内读者，以促成更多本土的创新性研究。

心理语言学系列

主编为董燕萍教授。心理语言学研究语言使用和习得的心理机制。语言使用包括语言的理解和产出；语言习得包括母语、二语、三语、双语及多语的习得，但一般侧重母语的习得，因为这是语言习得研究的根本；心理机制常常指加工某一问题时的心理过程及在这个过程中呈现的规律，还可能因为研究方法及视角的不同而被称为认知机制或者神经机制。心理语言学一般采取实验方法，通过操纵变量从而更好地研究某些变量的作用。在充分考虑已出版以及即将出版的同类图书基础上，基于话题的重要性和前沿性以及避免重复出版的原则，本系列首批包括三本书：《词汇加工研究》《句子加工研究》和《口译加工研究》。前两本书探讨心理语言学最根本、最传统、最核心的话题，最能体现心理语言学的精髓，是语篇加工研究及语言产出研究的基础。第三本在口译这项极具挑战性的语言任务中综合探讨语言理解和产出以及两者之间的协调关系。该话题最能体现心理语言学的学科交叉性和前沿性。三本专著从不同层面阐述语言加工的心理机制，并介绍具体研究方法，包括行为的方法（收集眼动数据、按键或者说话的反应时长、产出的语料等）和神经科学的方法（收集脑电数据、磁共振数据等）。

语料库语言学系列

　　主编为许家金教授。语料库语言学立足语用，突出概率，讲求方法，重视语境，既可构建语言理论，也可指导语言运用。语料库语言学作为以方法论见长的语言学分支，已广为语言学界接纳。其应用甚至扩展到传播学、文学、政治学、社会学和法学等人文社科领域。在国际范围内，基于语料库的话语研究成果尤其丰硕。因此，本系列第一本书便以《语料库与话语研究》为题展开讨论。该书不仅介绍了语料库语言学在话语组织方面的研究思路，还着重探讨了如何借助语料库考察话语中的身份或形象建构。在我国，语料库语言学选题集中于中介语及翻译语言研究，相关成果数以百计。本系列第二本书《语料库与双语对比研究》在对英汉语宏观特征量化描写的基础上，围绕英汉语介词、指称范畴、句段内部构成、事件编码方式、话语功能等议题作了深入对比。此外，为进一步拓展我国语料库语言学的选题视野，本系列还特别推出《语料库与学术英语研究》一书。该书着眼于学术英语的词汇、语法、话语特色及学科差异等，旨在通过语料库方法对学术英语进行精细描写，挖掘其典型特征，从而助力我国学者在国际上发表论文。

语言测评系列

　　主编为韩宝成教授。本系列首批将出版三本书，分别为：《语言测评效度验证研究》《语言测评反拨效应研究》和《Rasch 测量理论在语言测评中的应用研究》。《语言测评效度验证研究》对语言测试学科出现的四种效度验证模式进行深度剖析，分析经典效度研究案例，阐释如何收集效度证据并构建效度论证框架。《语言测评反拨效应研究》基于实证研究，重点介绍反拨效应的成因与本质，分析如何通过实施有效测试促教促学。近年来，Rasch 模型在语言测评研究中受到广泛重视，《Rasch 测量理论在语言测评中的应用研究》将结合 Rasch 模型在测评研究以及测评开发中的应用研究，系统介绍和分析该模型的原理、使用方法和相关研究进展。本系列的出版将有力推动我国语言测评研究的发展。

二语写作系列

主编为王立非教授。本系列首批五本专著分别为:《二语写作课堂教学研究》《二语写作认知心理研究方法与趋势》《二语写作测评方式研究》《二语写作身份认同研究》和《不同体裁的二语写作研究》。本系列有以下三个特色:第一,从社会文化的宏观视角和心理认知的微观视角,聚焦二语写作领域的前沿问题,对国内外二语写作研究现状、研究热点进行深度剖析,对本领域的未来发展趋势作出预测;第二,以中国大学生和学生写作文本为研究对象和语料,分析中国人学习英语写作的重点和难点,寻求适合提高中国学习者二语写作能力的路径和方法;第三,选择的话题具有代表性和跨学科性,都是当前高校英语写作教学改革的热点问题,有助于加深我们对二语写作的特点与规律的认识,探讨二语写作教学改革的新模式和路径。

外语教师教育系列

主编为徐浩副教授。本系列聚焦外语教师学习与发展的核心话题,既突出教师学习的动态过程,又关注教师发展的影响因素,同时致力于采用更具综合性、整合性的视角来描述、分析、建构教师学习与发展的历程和规律。本系列在重点综述经典文献和前沿文献的同时,将着重对核心概念进行梳理和辨析,并通过综述框架的创新,展示核心话题的新维度与新视角。本系列首批涵盖外语教师学习、外语教师能力、外语教师共同体等核心话题。《外语教师学习》基于三大学习理论分别从外语教师学习的结果、过程、途径和环境展开讨论;《外语教师能力》从教育心理学的视角,分别对外语教师能力的行为维度、认知维度和社会建构维度进行探讨,并提出一个整合性的研究框架;《外语教师共同体》则从实然而非应然的角度,对外语教师所置身参与的各类共同体展开剖析,尤其关注我国外语教师共同体活动的实践及其特点,并对相关研究进行综述。

从上述介绍可以看出,我国已出现一批学养深厚、术有专攻的应用语言学中坚力量。他们将聚焦应用语言学领域的核心话题,引领我们解决本土语言运用难题，并不断走向国际学术前沿。希望更多的同行和年轻学子加入这一学术共同体，研读经典，探讨新知，让我国应用语言学绽放出实践智慧和理论光彩，而不再只是语言学理论的应用。本丛书还将根据国内外应用语言学研究进展适时再版，并不断扩充话题。希望本丛书能为同行学者和青年学子拓展科研视野，丰富研究方法作出积极贡献。

"应用语言学核心话题系列丛书"编委会
2018年12月

参考文献

De Bot, K. 2015. *A History of Applied Linguistics: From 1980 to the Present.* London: Routledge.

Fries, C. 1945. *Teaching and Learning English as a Foreign Language.* Ann Arbor: The University of Michigan Press.

Howatt, A. & R. Smith. 2014. The history of teaching English as a foreign language from a British and European perspective. *Language and History* 57(1): 75-95.

Lei, L. & D. Liu. 2018. Research trends in Applied Linguistics from 2005 to 2016: A bibliometric analysis and its implications. *Applied Linguistics* amy003. http://doi.org/10.1093/applin/amy003.

崔希亮，2007，谈汉语二语教学的学科建设，《世界汉语教学》（3）：6-8。

何莲珍，2018，从引介到创新：中国应用语言学研究四十年，《外语教学与研究》（6）：823-829。

王初明，2018，我国应用语言学研究在解决问题中前行，《外语教学与研究》（6）：813-816。

前言

语料库研究与话语研究之间存在天然的亲和力和兼容性。不难发现很多语料库学者同时也是话语研究专家，例如 Paul Baker、Douglas Biber、Michael Hoey、Tony McEnery、John Sinclair 和 Wolfgang Teubert 等。究其根本，语料库研究与话语研究都关注自然语言。语境在两类研究中都至关重要。两者都将语义研究作为重要目标。将语料库视角融入话语研究，一方面能为揭示话语意义提供丰富的语言例证和强大的分析方法；另一方面，语料库研究中的词语共现、语言特征共现等创新思路也为话语研究增添了理论维度。

本书将系统介绍基于语料库的话语研究（以下简称"语料库话语研究"）。该领域是国际语料库研究的热门领域，可谓流派繁多、成果丰硕。其中尤以基于语料库的批判话语研究和话语评价研究最受关注，有关的实证研究和专著论文不断涌现。然而，总体而言，我国的相关研究在规模和质量上都有待提升。根据目前掌握的文献来看，我国尚缺乏语料库话语研究的通论作品，希望拙作能为这一领域在我国的深入发展助力添薪。

本书以对语料库话语研究的理论和方法概述为主，辅以若干研究案例。第一章重点介绍语料库研究和话语研究的核心理念、研究议题等。第二章则以适合话语研究的语料库建设与加工、话语研究中通用语料库工具（BFSU PowerConc）和专用语料库工具（Coh-Metrix、TAACO、WordSkew、TextSmith Tools、MAT 和 ELAN）的功能介绍为主。第三章以不同性别家庭成员的身份建构为例，介绍了当前研究中较为热门的话语建构研究。第四章以中国大学生英汉同题作文为例，考察了大学生在话语评价方面存在的母语迁移问题。第五章展示了Coh-Metrix衔接连贯分析工具在汉英翻译英语译文衔接研究中的应用。第六章用多维分析法对比了商务英语和通用英语语域及其子语域的变异情况。第七章用案例介绍了如何将体裁分析与语料库研究中的短语学理论应用到学习词典编纂之中，从而使词汇用法和话语意义在词典中得以更好地体现。第八章作为全书结语，从选题本土化、理论深化和技术方法强化三个方面，就我国学者开展语料库话语研究提出一些初步建议。

希望该书能成为有志于从事语料库话语研究的学子和同行的简易地图。在书中，为做到均衡全面，我们尽力不偏向某一家学说。然而因智力和精力所限，难免有失错漏和偏颇。为使诸位读者不致因本书作者的陋见而有所误导，建议读者多参阅书后所列的经典和前沿文献。

借本书前言一隅，我要特别感谢外研社高等英语教育出版分社副社长段长城老师的约稿，使我能有机会梳理数年来所做的语料库话语研究工作，并搜集和阅读了一批文献，深化了我的许多认识。可以说，在书稿写作过程之中，我本人是最大的受益者。

在本书的编校过程中，李晓雨老师对全书作了专业、细致、全面的校改。博士生徐秀玲同学也校对了部分章节。她们的出色工作使得拙作以更好的面貌示人。在此谨致以诚挚的谢意。

本书的撰写还得到教育部人文社会科学重点研究基地重大项目"服务国家战略的外国语言与外语教育创新研究"子课题"大数据视野下的外语及外语学习研究"（编号：17JJD740003）及北京外国语大学基本业务费项目的支持。

本书的主要写作时间是在我赴美访学期间。因此特别感谢中美富布赖特访问学者项目的支持，使我得以安心读书写作。感谢合作导师圣迭戈州立大学的Eniko Csomay教授在我访问期间提供的各种帮助。感谢美国大学的馆际互借服务，这项高效专业的文献传递服务使我有机会接触到很多珍稀的文献资料。

在我出国访问期间，我的部分工作得到梁茂成、李文中、熊文新几位挚友兄长的极大帮助，在此由衷地表示感谢。

感谢王克非教授、王文斌教授、李国玉、周倩、谢娟、赵江丽、卜凡尧、林耀等各位师长同事在我出国期间给予的关心和诸多帮助。

书中所用案例包含此前已发表的相关论文，它们分别是：

许家金、李潇辰，2014，基于BNC语料库的男性女性家庭角色话语建构研究，《解放军外国语学院学报》（1）。

龙满英、许家金，2010，大学生英汉同题议论文中立场标记的对比研究，《外语与外语教学》（3）。

许家金、徐秀玲，2016，基于可比语料库的翻译英语衔接显化研究，《外语与外语教学》（6）。

江进林、许家金，2015，基于语料库的商务英语语域特征多维分析，《外语教学与研究》（2）。

许家金，2017，体裁短语学视角下的医学学术英语词典研编，《外语与外语教学》（6）。

在此特别要对我的几位出色合作者，李潇辰、龙满英、徐秀玲、江进林，表达诚挚的谢意。

最后要感谢我的夫人在写作期间给予的全力支持。她若不是本书的第一位读者，一定也是本书的第一位听众。她虽然所学专业并非语言学，但仍耐心聆听我每日写作完成后的发现、感悟和困惑。本书书稿基本完成之日恰逢夫人生日，因此我想这本书也可算作献给夫人的生日贺礼。本书最终定稿之时，我的儿子降生了。因此这本书也献给我可爱的儿子。

虽有众人襄助，然而学识所限，书中舛谬着实难免。望读者不吝赐教。

许家金

北京外国语大学中国外语与教育研究中心

2018 年 10 月

第一章 | **概述**

1.1 引言

基于电子语料库开展的语言研究，经过数十年的发展，如今已渐成主流，并且还呈现出语料库研究与邻近学科广泛融合的局面。在国际范围内就成果数量和影响而论，语料库在与话语研究的结合方面，成绩最为突出。图1.1所示为2006—2016年的十年间在国际期刊发表的语料库研究热点。其中discourse居于画面正中，其所在的知识节点圆圈面积数倍于其他热点关键词，这反映出话语研究在语料库研究中的影响和地位。其他基于语料库的研究还包括语法（grammar）研究、语法化（grammaticalization）研究和语言习得（language acquisition）研究。这些研究的数据和方法论基础都是频率（frequency）。

若将观察的镜头推近，我们可以深入了解更为丰富的语料库研究世界。图1.2的中观研究热点显示，除了图1.1中的宏观热点外，还可看到在过去十年间，约有20项其他热点研究话题。例如，conversation、speech、discourse marker、identity、politeness、genre、variation、conversation analysis和gender等（详见表1.1）。这些热点词明白无误地将语料库研究指向了对真实会话（conversation、speech、conversation analysis）的探究，具体包括会话中的话语标记（discourse marker）研究、

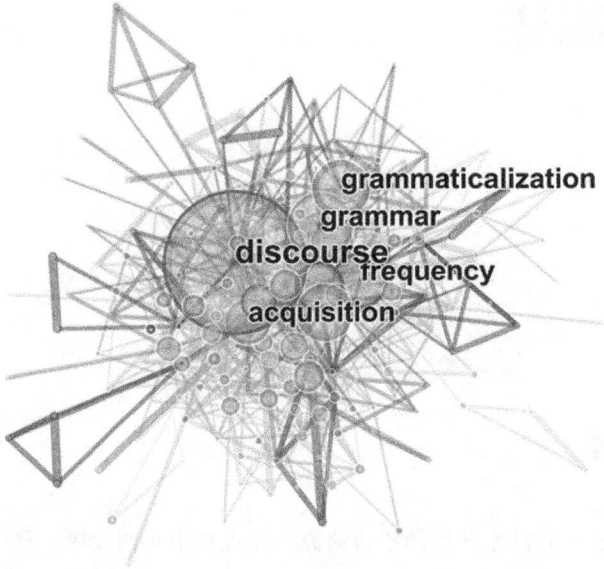

图 1.1 2006—2016年间发表的语料库相关英文论文热点关键词（宏观）

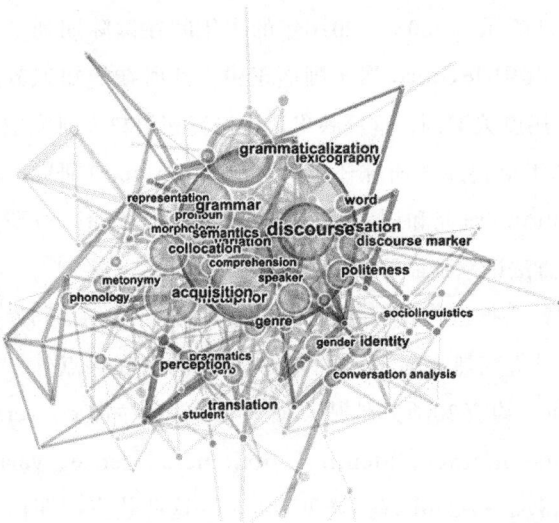

图 1.2 2006—2016年间发表的语料库相关英文论文热点关键词（中观）

身份认同和建构（identity）研究、礼貌现象（politeness）研究以及性别（gender）和体裁（genre）等方面的变异（variation）研究。上述这些热点词构成了英文语料库研究的主体，其数量明显高于隐喻（metaphor）、句法（syntax）、翻译（translation）和语义（semantics）等方面的研究。类似的知识热点分析，还可以深入到更为微观的层面。

表 1.1　2006—2016年间发表的语料库相关英文论文热点关键词

频数	热点关键词	频数	热点关键词
177	discourse	43	translation
85	grammar	43	politeness
83	grammaticalization	42	semantics
76	frequency	39	genre
72	acquisition	38	variation
65	conversation	38	word
60	metaphor	34	lexicography
51	speech	34	perception
51	collocation	33	conversation analysis
49	discourse marker	33	gender
46	syntax	32	pragmatics
44	identity	31	phonology

　　我们对这些研究热点稍作分析便不难发现，英文发表的语料库研究成果集中在传统意义上的话语分析、社会语言学和语用学等语言学分支学科。事实上，当前"话语"这一概念的内涵和外延都已拓展至原本属于社会语言学和语用学的领域。这几个方面的研究已经很难截然分开。对于

"话语"概念的界定，后文会专门讨论。

以上通过文献计量方法观察到的语料库研究热点，与我们日常所接触到的相关文献和学术走势较为吻合。比如，在语料库领域中的代表性期刊 International Journal of Corpus Linguistics 和 Corpora 上总能见到较多的话语研究论文，而在话语语用研究期刊 Discourse Studies 和 Journal of Pragmatics 上，也有相当比重的研究采用的是语料库方法。

语料库领域新近（拟）创办的三本学术期刊，Journal of Corpora and Discourse Studies（《语料库与话语研究学刊》，2018年出版创刊号，英国卡迪夫大学出版社）、Register Studies（《语域研究》，将于2019年出版创刊号，John Benjamins 出版社）、Corpus Pragmatics（《语料库语用学》，2017年创刊，Springer 出版社）也都与话语研究直接相关。Journal of Corpora and Discourse Studies 杂志代表的是英国及欧洲大陆语料库与批判话语研究相结合的传统。Register Studies 则是美国语料库研究有关语域变异的新阵地。Corpus Pragmatics 刊载的文章多半属于话语研究范畴。其他一些刊物，如 Applied Linguistics（《应用语言学》）、English for Specific Purposes（《专门用途英语》）、Journal of English for Academic Purposes（《学术用途英语学刊》）、Journal of Language and Politics（《语言与政治学刊》）也时常刊登语料库话语研究论文。

此外，国际上出版的与语料库研究相关的论著，着眼于话语研究的成果数量也在不断增加。在近十多年的国际语料库学术会议上，话语研究热度不减。比如，2004年美国应用语料库语言学研究会（The American Association for Applied Corpus Linguistics）主办了"第五届北美语料库语言学研讨会"（The Fifth North American Symposium on Corpus Linguistics），会后出版的名为 Corpus Linguistics Beyond the Word: Corpus Research from Phrase to Discourse（2007）的论文集，旗帜鲜明地指出：语料库研究需要拓展至话语层面。2008年第29届ICAME（The 29th International Computer Archive of Modern and Medieval English）会议

更是将大会主题明确定为"Corpora: Pragmatics and Discourse"。目前国际上影响最大的"国际语料库语言学大会"（The International Corpus Linguistics Conference），最近几届的大会主旨发言所请专家超半数都是话语语用学者，比如2011年的Susan Hunston（主攻话语评价）和Paul Baker（主攻话语与性别建构）；2013年的Karin Aijmer（主攻话语标记）、Michael Hoey（主攻衔接和词汇触发理论）和Ute Römer（主攻学术话语分析及短语学）；2015年的Douglas Biber（主攻语域变异）、Michaela Mahlberg（主攻语料库文体学）和Alan Partington（主攻批判话语研究）；2017年的Susan Hunston（主攻话语评价）和Dan McIntyre（主攻语料库文体学）。在这一趋势之下，Alan Partington于2016年创办了一个新的语料库会议系列，名为"语料库与话语国际会议"（The Corpora and Discourse International Conference）。首次会议于2016年在意大利锡耶纳举行，会议每两年一次。会议的六大主题为：话语组织（discourse organisations）；政治、机构和媒体话语（political, institutional and media/social media texts）；社会科学及社会政策议题话语研究（social science and social policy issues）；文化及跨文化话题（cultural and cross-cultural topics）；翻译研究的话语含义（discourse implications in translation studies）；文学文本中的话语效应（discourse effects in literary texts）。

综上所述，话语研究是近年语料库研究中当仁不让的主角。事实上，从更长的历史时期来看，话语研究一直是语料库研究中最重要的领域之一（Hoey & Shao 2015：15；马晓雷、陈颖芳 2016：44-50）。语料库与话语研究的结合有其内外因，后文我们会专门探讨。

需要指出的是，我国学者用中文撰写的学术成果，其研究热点和趋势呈现出相当不同的面貌。三十多年来，我国语料库学者并未跟风，而是立足本土研究选题，运用语料库资源和方法，着重解决语言习得和翻译中存在的问题（见图1.3，参阅刘霞等 2014：75）。

在我国，基于语料库的批判话语研究、学术英语话语研究、教学与教

图 1.3　1984—2016 年间 CSSCI 期刊语料库相关论文热点关键词

师话语研究、中介语话语研究、多模态话语研究等，虽然体现出了自己的特色，但在整体数量上并不占优势。

　　以下我们将分别就语料库研究的核心特征、话语研究的核心特征以及两者融合研究的现状及特色加以阐述。

1.2　语料库研究的核心特征

　　语料库研究的基本内涵指的是针对大规模口笔语真实语言材料，通过统计分析手段，在一定的理论视角下，发掘语言在形式和意义上的典型性规律。这种语言研究理念在国内外早已存在，其历史至少在百年以上（Xu 2015；许家金 2017a）。它反映的是一种描写语言观，即尊重真实的语言使用，主张语言的基本规律蕴藏在语言使用之中。当然，在计算机产生之后，如今谈论语料库研究，则专指借助计算机软件，对电子语料库进行分析，并揭示语言运作模式的研究领域。

综合以往文献，我们将语料库研究的核心特征概括为"用""量""器""聚"（许家金 2014：35-36，2017a：52-53）四个方面。"用"即尊重语言事实和关注用法。语料库研究以对语言使用的充分描写为根本。其次，语料库研究在"量"上的要求指的是通过"量化"分析手段研究语言。"量"在统计上，主要通过频率得以体现。语料库研究主张语言是概率性现象（Halliday 1991；Bod *et al.* 2003）。Halliday（1992）指出概率性既是对语言实例（instance）的描摹，同时也是一种理论构念（construct）。在很大程度上这种构念体现为一种"聚合"或是"共现"关系，我们称之为"聚"。弗斯语言学的"语境论"和社会语言学都是"聚"的理论体现。新弗斯语料库语言学学者们有关共现的研究思路，反映的是词汇、语法范畴、语义和语用等不同语言层面之间的共选关系；而基于语料库的语域变异、批判话语研究，反映的是语言同社会语言学变量之间的共选关系。不论是语言成分之间的关联，还是语言成分与社会变量之间的关系，最终都要通过概率统计以及语料库分析工具来揭示，即"器"。语料库研究的这四项设计特征是我们区分语料库研究和非语料库研究的基本要素。其中，"用"是基础，"量"是关键，"器"是途径，"聚"是语言学理论归宿。如果某项研究全部满足上述四项特征，则可以被认为是典型的语料库研究，可称为"大写的语料库语言学"（big C Corpus Linguistics，即狭义语料库研究）。如果只满足了上述四项特征中的部分特征，我们不妨称之为"小写的语料库语言学"（little c corpus linguistics，即广义的语料库研究）。前者是典型的语料库研究，后者是宽泛意义上的语料库研究。

概而言之，"用""量""器""聚"前三个字涉及语料采集、语言特征的量化统计分析以及语料库工具的运用，它们都与研究方法紧密相关。可见，语料库研究总体上是"具有很强方法论导向的语言学分支"（a methodologically-oriented branch of linguistics）（Leech 2011：158）。

语料库研究的四项核心特征，其语言学价值，或者说理论落脚点在于"聚"，即挖掘语言成分之间以及语言与社会变量之间的共选或共聚关系。用语境论的术语来说，"聚"即"语境化"（contextualization），是对真实语料的逐层分析，尽力还原语言实际发生时的语境含义。具体来说，语料库研究在很多情况下是由字词检索开始，进而通过索引分析（concordancing）获得字词的句级上下文语境（又称"共文"，co-text），还可以扩展到段落、篇章和整个作品或会话场景。语料库方法还能够观察到语言特征的文本间复现情况，即所谓互文现象。语料文本附带的社会文化语境信息，如性别、说话人年龄、场景等，往往通过元信息（metadata）的形式随同语料库文本一起存储。这种将语料库研究视为"语境化"的观点，在Scott & Tribble（2006：9）中，以语境范围（contextual scope）的提法得以更条理化地展示，如下所示：

Contextual Scope（语境范围）

SCOPE 1: a few words to left and right（范围一：检索词左右若干词）

SCOPE 2: the whole sentence（范围二：整句）

SCOPE 3: the paragraph（范围三：段落）

SCOPE 4: the story so far（范围四：当前故事片段）

SCOPE 5: the section or chapter（范围五：章节）

SCOPE 6: the whole text（范围六：整个文本）

SCOPE 7: the colony of texts to which this one belongs（范围七：当前文本与所属文本群落）

SCOPE 8: other related texts（范围八：其他相关文本）

SCOPE 9: the context of culture（范围九：文化语境）

EXTRA-LINGUISTIC SCOPE: where you are when you meet the
text（非语言范围：接触该文本时的场景）

Scott & Tribble（2006）的表述非常详细，但通常不是每个文本分析都需要经历这些步骤；再者，有些语境范围层级可以合并。比如范围七和范围八。我们把上述语境化的分析思路称为"点—线—面语境扩展法"。这种由点及面不断挖掘语境意义的做法，是基于语料库的话语研究中的常见思路。

语境是话语研究中不可忽视的重要特征。Malinowski（1923：310-311）将人类学研究中的语境分为情境语境（context of situation）和文化语境（context of culture）。而在语言分析中，这一语境二分法还要包括语言单位间的上下文语境、更大的语言单位（段落与段落、前后篇章、不同文本等）之间的互文性（intertextuality）等。

语料库研究方法和技术擅长词汇短语层面的分析，但作为话语研究，词汇检索和分析只是研究的切入点，最终还应回归到词汇所在的上下文和社会文化语境中。在这个过程中，对于词汇、短语和一些句法结构的检索结果以及他们在不同文本中的分布情况，往往体现为量化数据。因此，通常语料库研究方法被视作是一种典型的量化研究方法。然而，通过语料库检索得到的大量例证，仍然需要研究人员通过思辨或相关语言学理论进行定性分析。可见，完整的语料库研究应能综合运用定量和定性的研究方法。

1.3 话语研究的核心特征

1.3.1 话语及话语研究

话语（discourse）这一概念，何时从一个通用名词发展成语言学术语，已很难考证。从话语研究发展之初，与之相生相伴的另一英文术语是text。在中文文献中，text被更多地译成"语篇"或"篇章"。部分文献倾向于将text理解为书面语概念，将discourse理解为口语概念；将text理解为语言结构特征，而将discourse理解为语言结构特征的同时，还附带有社会文化属性。text和discourse相对应的中文术语"语篇/篇章"和"话语"，在文献中混用的情况比较普遍。就英文术语而言，时至今日，discourse已逐渐占据优势。text（及其形容词形式textual）虽然时常见到，但多限于表达语篇衔接等语言结构特征。而discourse已成为话语研究领域更为通用的术语。其形容词形式有两种，一个是discoursal，另一个是discursive。前者常与lexical、grammatical和syntactic并用，指的是话语的结构维度；而discursive则更多表示话语的社会维度，常出现在discursive construction（话语建构）这样的短语中。在中文文献中，有人将discourse译为"话语"，有人译为"语篇"。本书统一采用"话语"这一表述。

话语研究在相当长的时间内被称为"话语分析"（discourse analysis）。近二三十年来，随着其跨学科性质越来越突出，话语研究已远远超出一种语言学分析方法的范畴，俨然成为一个独立的语言学分支学科。于是，部分学者，特别是批判话语分析学者，倡导使用"话语研究"（discourse studies）这一概念。本书将采用这一新的学科名称。当然，在谈及旧有文献时，为尊重史实，还会采用话语分析这一表述。在新近的文献中，话语分析和话语研究两者仍然并存，但两者并无高下、优劣之分。

话语研究之所以内涵越来越丰富，外延越来越广阔，原因在于其理论源头众多。因此，如今话语研究的分支和流派众多，各家对话语研究的认识也不尽相同。

文献中一般将Zellig Harris于1952年在*Language*杂志上发表的"Discourse analysis"一文作为现代话语研究的起点。在此之前的西方经典修辞学和我国古代辞章学可视作古典意义上的话语研究。Harris是美国结构主义语言学的集大成者。他在Bloomfield等学者奠定的结构主义描写语言学基础上，努力拓展语言结构描写的层面和维度。但传统的结构主义考察范围仅限于句以下单位。一个完整的理论应当能够对更长单位内的语言现象加以解释。有关"话语分析"的倡议，正是在这一背景下产生的。在Harris(1952)的文章中，他指出话语是超出句子边界的结构单位，可以是一个段落或一本书(Harris 1952: 5)。话语分析能够解决两大问题(Harris 1952: 4)：一是有助于分析句子和句子间的分布组合关系(distributional relations among sentences)；二是可以解决语言和社会情境之间的相关性问题(correlation between language and social situation)。在Harris的分析示例中，他并未涉及有关社会情境的分析。Harris旨在提出一套描写连续话语中具有相似上下文的对等结构的方法。比如在前文句子中出现的the middle of autumn和后文出现的the end of October，它们的使用语境相似，因此属于对等结构。Harris通过一套形式化的方式，分析话语中出现的此类对等结构，从而描写比句子更大的语言单位。虽然这种话语分析方式跟后来的话语照应和主位推进等概念有相通之处，但仍然具有明显的结构主义特点，是Harris"分布假说"(distributional hypothesis, Harris 1954)在话语层面的体现。总体而言，Harris提出的话语分析方法并未受到太多重视，也没有得到继承，与后来蓬勃发展的话语研究传统也并无直接联系。Harris对于话语研究的贡献在于：他作为当时语言学界的旗帜人物，明确地指出了研究超句语言现象的重要性。

20世纪70年代在英国及欧洲大陆，有学者开始系统开展话语研究。De Beaugrande 和 Dressler于1981年出版的 *Introduction to Text Linguistics*（《篇章语言学引论》）一书集中总结了欧洲篇章语言学的相关理论认识。其中概括了话语的若干核心特征，例如，形式衔接（formal cohesion）、主题连贯（thematic coherence）、意向性（intentionality）、可接受性

（acceptability）、信息性（informativity）、情境性（situationality）以及互文性（intertextuality）。而Dressler（1978）的 *Current Trends in Textlinguistics*（《篇章语言学的当前趋势》）一书则涵盖了欧洲篇章语言学传统之外世界范围内话语研究各流派的研究动向，包括符号学（代表学者为Nöth和Petöfi）、会话分析（代表学者为Schegloff）、认知心理研究（代表学者为Van Dijk 和 Kintsch）、叙事分析（代表学者为Grimes）、文体学（代表学者为Enkvist）、系统功能语言学（代表学者为Hasan）等。20世纪60、70年代蓬勃发展的其他一些学科领域对话语研究的发展也发挥了关键的作用，例如，与言语行为、合作原则和面子等相关的语用学议题，Foucault关于话语和权力的讨论，Fowler等人倡导的批评语言学（critical linguistics），韩礼德关于语域（register）的讨论，Labov倡导的变异社会语言学（variational sociolinguistics）以及Goffman倡导的互动社会语言学（interactional sociolinguistics）等。这些领域更多关注的是话语的社会属性，而20世纪70年代的话语研究重点更多在于语言内部特征，因此Dressler（1978）并没有将Fowler、Foucault、Labov、Goffman等人的研究纳入考察视野。

综上所述，话语研究从结构主义语言学后期开始萌芽，在20世纪70年代博采众多学科之长，蓄势发展，成了如今具有跨学科性质的热门研究领域。然而，如此众多的理论滋养也给话语研究的学科界定带来了挑战。

在相当长时间里，Stubbs（1983：1）对话语研究的界定是本领域较为通行的认识。他对话语研究的定义如下：

> [Discourse analysis]…refer[s] mainly to the linguistic analysis of naturally occurring connected speech or written discourse. Roughly speaking, it refers to attempts to study the organisation of language above the sentence or above the clause, and therefore to study larger linguistic units, such as

conversational exchanges or written texts. It follows that discourse analysis is also concerned with language use in social contexts, and in particular with interaction or dialogue between speakers. (Stubbs 1983 : 1)

译文：话语分析主要指的是对自然发生的连续口语和书面语的语言学分析。笼统来说，话语分析旨在研究超越句子或小句单位的语言组织情况，因此它研究的是更大的语言单位，比如会话交流或书面语篇。另外，话语分析关注的是社会语境中的语言使用，特别是说话人之间的互动和对话。

这一定义包含三层核心含义：1）话语研究的对象是真实交际中的语言；2）其研究重点是超句语言单位的前后关联机制；3）话语、个人和社会之间的关系。

在过去二十年左右的时间里，Schiffrin *et al.*（2001：1）在 *The Handbook of Discourse Analysis*（《话语分析手册》）一书的《导言》中对话语研究的概括被更多地引述。Schiffrin 将以往种种话语及话语研究的定义凝练后得到如下认识：话语研究是 1）有关超句单位的研究；2）有关语言使用的研究；3）有关与语言和非语言交际相关联的广泛社会实践行为方面的考察。原文如下：

[The definitions of discourse and discourse analysis], however, fall into the three main categories…: 1) anything beyond the sentence, 2) language use, and 3) a broader range of social practice that includes nonlinguistic and nonspecific instances of language. (Schiffrin *et al.* 2001)

The Handbook of Discourse Analysis（第二版）（Tannen *et al.* 2015：1）并未提出新的话语研究定义，而是沿用了第一版对话语研究的三点认识。然而，在内容编排上，*The Handbook of Discourse Analysis*（第二版）

中近半数章节都作了替换，未替换的其他章节内容也都有所更新。新补充的章节大多跟社会实践和意识形态有关。可见近二十年来，增长最快的话语研究领域正是话语的社会维度。这也是当前的话语研究定义不同于Stubbs（1983）的最主要方面。如今话语研究着眼于社会交际的方方面面，如机构话语、政治话语、（新）媒体话语、法律话语、医疗话语、教育话语和职场话语等。在新增的话语研究选题中，讨论较多的议题是话语中表现出的权力关系和身份认同。

可见，话语研究的领域，在语言之外更多关切的是与语言相关的社会问题。这使得话语研究与相关领域有了更多的交融，比如语用学中的很多议题也都从话语视角加以探究。社会语言学中的性别、身份认同、权势、语域变异以及跨文化交际中的很多现象如今也都大量出现在话语研究文献中。

The Handbook of Discourse Analysis（第二版）所概括的三类话语研究焦点中，第一类研究的关注点是话语的结构特征，简单地说就是话语涉及的长度和跨度，即话语不限于一词一句，而更强调词句间的连缀协同，从而完成意义的连贯表达。第二类强调话语研究考察的是自然发生、真实交际中的口语和书面语。比如，随着时代的发展，新媒体话语研究也逐渐占有一席之地。值得一提的是，在语言使用这一点上，话语研究和语用学有共同的研究焦点，它们都关注使用中和语境中的言语交际，都关注言语行为、指称、情态、评价等研究选题，所以如今话语研究和语用学两者已很难截然分开。第三类研究取向在话语研究中相对较新，它强调话语在更广的社会文化情境中解读才够充分完整。另一方面，一些学者也主张通过话语来探究社会文化的现状及其变化发展，甚至寄希望于改变不合理的社会现状，即所谓的"批判话语分析"（critical discourse analysis）。

以下将进一步阐释话语所具备的核心特征。我们将常见的话语研究的切入点，按前述话语研究核心内容分为三方面，即话语的结构特征、话语的语义特征以及话语的社会属性。在一些文献中（如Van Dijk

2017），也能见到从认知角度讨论话语现象的成果。这种认知观念很大程度上属于社会认知，主要是基于语言产出考察知识、态度、思维方式或认识观念等。我们倾向于把这类认知现象也归入话语的社会属性。

1.3.2　话语的结构特征

话语的结构特征主要涉及话语成分的组织构成，其中包括小的语言单位如何组合成更大的话语单位，大的话语单位如何切分成小的语言单位以及各种语音、词汇、语法形式所起到的话语层面的前后关联效果。与这些相关的话题有：衔接连贯、韵律特征、会话结构、叙事结构、体裁特征、元话语等。

1.3.2.1　衔接连贯

衔接主要指话语中有助于意义传达的词汇语法手段。英语衔接研究最有影响的是 Halliday & Hasan（1976），其中归纳了五种常见类型：照应、替代、省略、连接和词汇衔接。对于 Halliday & Hasan（1976）有关衔接手段的概括和分类，后来有学者作了厘清和扩展（胡壮麟 1994；张德禄 2000，2001，2002）。但应该说，英语衔接手段在词汇语法层面大致离不开 Halliday & Hasan（1976）五分法的框架。各种衔接手段的运用使得话语能够意义连贯。连贯是话语的核心概念之一。任何话语都应具备这一特性。我们将通过下面的段落简析英语中常见衔接手段的工作机制。

The *optimist* feels in the control of his own life. If things are going badly, *he₁* acts quickly, looking for solutions, forming a new plan of action, and reaching out for advice. The *pessimist* feels like a toy of fate and moves slowly. *He₂* doesn't seek advice, since *he₃* assumes nothing can be done.

上面段落中的两个主要名词之一optimist与其后的he_1同指；另一个主要名词pessimist与其后的He_2和he_3也具有同指关系。这样前后句子或小句间的名词和代词，一显一隐，相互照应，达到前后意义连贯的效果。

这一话语片段涉及的optimist和pessimist是一对相反概念，因此前半部分采用quickly，后半部分采用slowly，对两类人的行事方式进行描述。反义词在话语上起到了相反相成的效果。

再比如，上文中的looking for、forming、reaching out、seek这些近义词语和短语，相互呼应，也有助于话语前后的意义连贯。

以上仅简单示意衔接和连贯的大致含义和效果。在话语实践中，连贯的实现可能会借助语言或非语言手段，包括语境特征等的协同作用。

1.3.2.2　韵律特征

在口头交流中，语调、节奏、重音、音高、时长、停顿等韵律特征可以对话语的组织及意义传达起到重要作用（Wennerstrom 2001）。比如语调可以起到实施特定言语行为的作用；重音可以突显话语的信息焦点；停顿可引起听话人的注意，并引导话语走向。除了像停顿这样的韵律特征通常单独使用外，多数韵律特征都是伴生语言资源。在口头话语中，韵律特征通常都是与词汇、语法，乃至体态、手势等非语言手段共同使用以完成话语功能。可以说韵律特征在口头话语中不可或缺。甚至在具有口头话语特征的网络及新媒体语言中，话语使用者会采用特殊的拼写（如全大写字母）、字符的重叠使用（如soooooooooo）、标点符号的异常使用（如。。。表示长停顿或无语）、笑脸符号或表情包等多种方式，起到类似口语中的重音、拖长、停顿等韵律效果。

1.3.2.3　会话结构

会话结构研究中最重要的议题之一是话轮结构，它是Sacks *et al.*

（1974）基于对口语会话中人们的互动方式概括出来的说话人话语轮次交替转换的机制。互动会话通常遵循14条原则，比如，说话人之间会轮换交替；大多数情况下，每次一人说话；同时多人说话的情形也时常发生，但一般持续时间很短等等。这些原则看似稀松平常，但却不可以轻易打破。后来很多类似的会话研究都会关注访谈或辩论双方是如何策略性地利用和破坏有关原则，获得话语控制权的。在Sacks等人开创的会话分析研究领域中，学者们致力于考察和探讨不同情境下的"话轮构建单位"（turn-construction unit）和"话轮分配单位"（turn-allocation unit）以及如何开启、索取、维持、接续和终结会话。比如Sinclair & Coulthard（1975）在研究课堂教学话语的基础上，概括出了IRF（Initiation-Response-Follow up，发话—回应—接续）会话结构模式（见表1.2），即发话人A提出某种想法观点，这一轮次称为"发话"，紧接着听话人B会有一个"回应"，通常A会再有一个接续轮次，对B的回应加以评价。这种结构在课堂会话中十分常见。不同场景的会话既遵守一般性的话轮转换原则，也存在特定的会话结构。

表1.2　IRF会话结构模式

发话	A: Mm. Obviously it's not easy to eat a little and often when you're a busy man driving around the country.
回应	B: Yeah, that's true.
接续	A: Mm. Right.

1.3.2.4　叙事结构

　　叙事是一种重要的话语类型，通俗来说，叙事即是"（讲）故事"。叙事在不同学科含义并不相同。语言学领域所谓的叙事可以是口语或书面语形式，可长可短，可以单独出现，也可能嵌套于会话等其他话语类型中。叙事话语形式多样，但也有结构上的规律。其中Labov & Waletzky（1967）概括的个人经历型口头叙事结构模型影响最大，见表1.3。

表 1.3　Labov & Waletzky（1967）叙事结构

口头叙事要素	功能	示例
概要 （Abstract）	叙事人表示他开始讲故事，并简述故事的核心内容	Three weeks ago I had a fight with this other dude outside
发生 （Orientation）	介绍人物、时间、地点及场景	I was sitting on the corner and smoking my cigarette, you know
矛盾激化 （Complicating action）	叙述核心事件	I put that cigarette down, and…I beat the shit out of that motherfucker
评判 （Evaluation）	示意故事的关键之处，即为什么值得谈起这个故事	But it was quite an experience, I was shaking like a leaf
结局 （Result or resolution）	指明故事的结局	After all that I gave the dude a cigarette, after all that
尾声（Coda）	示意故事结束，有时会进一步提示其他话题	And that was that

　　以下是作家王蒙在访谈节目《锵锵三人行》中的叙事片段。通过下面的分析，我们可以看出，这段叙事也大致符合Labov和Waletzky提出的叙事结构。我们把这一小段叙事命名为《你以为你是谁》。

表 1.4 《你以为你是谁》叙事结构简析

好像是池莉写过一篇文章，说《你以为你是谁》	**概要**
说那个叶，叶兆言呐，((说))托什么一个人儿啊，办个什么事儿	
就去找那个有关，有关管事者	**发生**
为了，就当敲门砖嘛	
就带着自己的好几本书	
说一到那儿就把书送去了	
送上	
然后那位小领导	**矛盾激化 + 结局**
说，一看，这个，啪，就往上	
说这一天不知给我送多少	
@@@@@@@@	
叶兆言，这还算是有来历的	
他是叶圣陶的孙子	
是不是啊	**评判**
你连这么有来历的作家	
所以池莉就写了篇文章	**尾声**
就《你以为你是谁》	

注：@代表笑声；((说))代表"说"字在录音中发音不清晰。

1.3.2.5 体裁特征

　　体裁（genre）一词原本是文学艺术领域的概念，指的是小说、戏剧、诗歌等文艺形式。在话语研究领域，体裁这一概念使用十分广泛，含义也比较丰富。从 genre 一词的词源来看，它表示"类型"。整个语言可以裁定成不同的话语类型，某话语大类也可裁定出子类，还可因场景和社会功能之不同，裁定出相应的话语类型。比如，有时体裁可以指口语体、书面语体，或者新闻、小说、学术这样的文体，有时也指法律文书、学术论文、求职信这样的话语类型，或者在学术话语内部，还可指论文摘要、引言、研究方法、讨论、结语以及致谢等微观话语类型，甚至有将体裁泛化的做法，即认为所有体现一定社会语用功能的话语类型都是体裁。这些不同的认识，对应于不同的体裁观，其中有专用英语/学术英语（ESP/EAP）研究传统、北美新修辞学派传统和系统功能语言学传统（Hyon 1996）。北美新修辞研究传统主要关注英语母语中的修辞、作文法等。近年来 Christine Tardy 和 Paul Kei Matsuda 等北美学者则引领了二语写作领域的体裁研究。就体裁研究的整体情况看，基于语料库的体裁分析、语域变异和专用英语/学术英语研究成果更为丰富。

其中有关学术英语体裁风格的相关研究，突出反映了体裁的结构性特征。这方面的研究源自 John Swales 20 世纪 80 年代提出的 "体裁分析法"（genre analysis），后来在 Swales（1990）中得以定型，其后引发了广泛而持久的学术英语体裁的理论及应用研究。表 1.5 以学术论文摘要简述学术话语的体裁结构特征。

表 1.5　学术论文摘要的体裁分析

学术论文摘要的体裁结构	话语功能
现有语料库翻译学研究，多数限于描述译文的词汇运用，少量涉及句法特征，对译文语篇特征的关注较少。	研究领域及研究空缺
本研究借助在线文本分析工具 Coh-Metrix，对比了汉译英英语译文和原创英语中的 25 项语篇衔接特征。	研究方法
研究发现，英语译文中有多项语法和词汇衔接特征与原创英语存在显著差异，呈现出衔接显化的特点。语法衔接突出表现为多用各类连词。词汇衔接突出表现为以语篇中句间实词重复。	研究发现

（待续）

（续表）

学术论文摘要的体裁结构	话语功能
英语译文的语法衔接显化，大致可从汉语重意合、英语重形合得到解释。而词汇衔接显化，可能与汉语源语特征以及英语译文中多用高频词和泛义词有关。本文还就衔接显化作为翻译普遍性特征进行了讨论。	研究结论

    Swales等开创的体裁分析法旨在将话语功能与体裁结构关联起来，使我们能够了解特定体裁是话语形式与功能的统一体。鉴于体裁研究的跨学科性，不同学者在各自研究视角下，常常还会采用register（语域）和style（语体、文体）等近义术语。本书如无特别说明，则将genre、register和style等同视之。在涉及具体研究时，有时为尊重原作者的使用习惯，会选择使用语域、语体或文体的表达。

1.3.2.6　元话语

    Harris（1959：944）最早提出"元话语"（metadiscourse）这一概念。他指出在话语的核心内容（如We have found that这一英语结构后面引出的内容）之外（Harris 1959：946），还有一些对话语本身进行谈论的语言成分（There are also metadiscourse kernels which talk about the main material.）。这里的We have found that这一英语结构即是一个元话语的例子。Hyland（2005a：3）在有关元话语的专论中谈到，元话语的价值在于它让人们认识到，交际不仅是信息的传递或交易的达成，还包含个人特质、态度立场、认识理念等方面内容的表达。这些都在话语层面有相应体现。与其说元话语是主要话语内容之外的结构性成分，不如说元话语反映的是说话人/作者和听话人/读者之间的互动交流。在这一思路下，Hyland（2005a：49）提出了书面语中元话语的人际模式，见表1.6。

表 1.6　Hyland提出的元话语人际模式

类别	功能	示例
交际引导 （interactive）	引导读者了解话语走向	
过渡标记	小句间关系的表达	in addition、but、thus、and
框架标记	提示语步、话语推进的次序 或阶段	finally、to conclude、my purpose is
内指标记	指向话语中的相应部分	noted above、see Fig、in section 2
言据标记	注明信息来源	according to…、…states
语码注释语	对命题意义的注释	namely、e. g.、such as、in other words
互动交流 （interactional）	将读者纳入话语互动之中	
模糊限制语	缓和话语，使话语保持开放	might、perhaps、possible、about
增强语	强化语势，话语相应收拢	in fact、definitely、it is clear that
态度标记	表达作者对命题的态度	unfortunately、I agree、surprisingly
自我提及语	指称作者的表达	I、we、my、me、our
介入标记	明确建立与读者的关系	consider、note、you can see that

　　以上介绍了元话语的人际模式特征。事实上，话语是形义兼具的概念。在理论上很难将其结构特征和语义特征分开讨论。然而，在话语特征的研究实践中，我们在考察衔接手段、韵律特征、学术论文体裁特征、元话语标记等话题时，可以从具体语言形式入手，进而解读其话语特征。而在讨论下面一些话语研究选题中，则常常从语义或功能入手去观察话语特征。为行文方便，本书将后一类话语特征统称为话语的语义特征。

1.3.3 话语的语义特征

这里所谈的话语语义特征，更准确地说，应该是话语的语用（pragmatics）特征，而非语义学（semantics）层面的特征。因此这里介绍的研究领域主要涉及言者含义（speaker meaning）或言外隐含意义（implicated meaning）。虽说语用意义存在于言外，但在很多情况下，我们仍然可以借助语境推测得知。

话语的语义特征经常涉及的话题有：话语的主观评价维度（包括情态、语气、立场、言据性等子话题）以及话语中信息显隐与接续维度（包括主题、话题、话题链、焦点、前景化等子话题）。

上述两大维度的讨论常见于各类功能语言学论述之中。譬如，对于话语的主观评价维度，Halliday（1973，1985a）就提出过系统解决方案。其系统功能语法三大元功能中，与概念功能（ideational function）和语篇功能（textual function）并列的人际功能（interpersonal function）主要针对的就是情态、语气、极性等主观性语言维度。后来，Martin 等人对 Halliday 的人际功能进行了扩展和细化，从而提出"评价理论"（The Appraisal Theory）（Martin 2000；Martin & White 2005；Martin & Rose 2003）。该理论将主观评价维度分为介入（engagement）、态度（attitude）和级差（graduation）三大子系统，其下又分为若干次系统，见表1.7。评价理论的这一体系被广泛应用于不同体裁的评价分析之中。

表 1.7　Martin 等人提出的评价理论框架

评价子系统	评价次系统	定义及英汉语典型表述
ENGAGEMENT 介入	entertain 接纳	个人主观意见的表达，承认所言只是一种可能的意见 might、seem、probably、I guess、you can imagine、look like/看上去、好像、可能、肯定、看样子、显得、不太确定

（待续）

（续表）

评价子系统	评价次系统	定义及英汉语典型表述
ENGAGEMENT 介入	proclaim 宣言	将说话人自己的意见视作正当的意见，否认其他意见的合理性
		make sure、actually、obviously、of course、anyway、we should say/确实、我们可以看出、显然、完全、基本上、确信
	disclaim 否认	通过语篇手段表明相对立的态度和立场
		without、anything、no、never、not at all、not any more/没有注意到、还不知道、没有想到任何事情
ATTITUDE 态度	affect 情感	正面或负面的情感（属个人情绪）
		happy、puzzled、angry、enjoy、reluctant/高高兴兴的、伤心的、惊讶的、无辜的
	judgment 判断	对特定行为的态度，如崇敬、批评、褒扬、谴责；道义判断；行为缘起判断（属伦理性）
		doubt、wonder、carefully、appreciation、unfortunately、properly/满腹狐疑、邪念、幸运地、小心翼翼地
	appreciation 鉴赏	对自然现象的评价；审美价值判断（属审美层面）
		tranquil、beautiful、pretty、lovely、bumpy、weighty/安静的、丰收的、有趣的、美丽的
GRADUATION 级差	force 语势	涉及质性、可能性、过程等的强度以及数量、尺寸、重量、分布、远近等量化特征
		completely、slightly、just、all、near、nearby、suddenly、soon/非常、很、正好、整个突然地、飞快地、很多的

（待续）

（续表）

评价子系统	评价次系统	定义及英汉语典型表述
GRADUATION 级差	focus 聚焦	根据典型性或精确性作出级差判断；调整以表明典型性或边缘性
		really、gradually、a little bit、about/差不多、有点、高点儿、胖点儿

其他一些学者，由于各自不同的学科背景和特定的研究目的，也提出了相应的评价分析理论。例如，Biber & Finegan（1988，1989）引入"立场"概念，并在 Biber *et al.*（1999：966-986）作了更为系统的表述。他们将命题意义之外的主观评价概括为"认识型立场"（epistemic stance）、"态度型立场"（attitudinal stance）和"言谈方式立场"（style of speaking stance）（Biber *et al.* 1999：972-975）。若与 Martin 等人的评价理论体系进行对比，可以看出 Biber 等人的三分法与"介入""态度""级差"较为接近。只是 Biber 等人的体系更为概括，在体系的层级方面也未再作细分。作为语法描写的一个重要部分，Biber 等人的立场体系虽然收录在 *Longman Grammar of Spoken and Written English* 一书中，但该理论体系从产生到其后的进一步应用，都具有很强的语域变异倾向。他们所概括的立场类型是基于 Tannen（1982）、Halliday（1985b）、Chafe & Tannen（1987）等人对口语和书面语差异的研究得出的语域区别性特征。Biber *et al.*（1999：979-986）在 *Longman Grammar of Spoken and Written English* 中提出立场分类体系后，围绕口语、小说、新闻和学术四种语域类型，对立场副词、状语从句、立场名词等分别作了量化描述。后期，Biber（2006）还专门就大学语境中的课堂教学和教材等语料进行了认识型立场、态度型立场和言谈方式型立场的对比分析。概言之，Biber 的立场理论源自语域

变异研究，最终也服务于语域变异研究。另外，由于Biber旨在运用语料库方法开展立场研究，在他的相关论述中，他着重强调了立场与显性词汇语法手段之间的对应关系。

Hyland（1999，2005b）对立场也有过系统论述和实证研究，他的研究焦点在于学术论述中的人际互动模式。综合Hyland（1998）有关学术论文中的模糊限制语、Hyland（2005a）有关学术交流中的元话语以及Hyland（2005b）中的立场与介入研究，可以看出，Hyland所讨论的立场与介入大体是其元话语体系中互动交流和交际引导的另外一种表述。他的元话语观似乎偏重结构性特征，而立场研究则更偏向于从人际功能出发去研究话语互动。

另一个有关评价研究的理论性探讨来自Hunston。她提出"事态评价"（status）（Hunston 1989：106）、"价值评价"（value）（Hunston 1989：172）、"关联评价"（relevance）（Hunston 1989：236）三项评价功能，旨在考察话语中对相关命题的评价性表述。其中事态评价主要传递确定性（certainty），这在一定程度上与其他评价体系中的介入和认识情态有相通之处；价值评价涉及好恶和善恶，与态度、义务情态类似。事态评价通常具有名词性，价值具有述谓性（Hunston 1989：199）。例如在The hypothesis is supported by the data.这句话中，hypothesis表达的是事态，而support表达的是价值判断。至于关联评价则更具话语组织功能。例如：

（1）The electric dichroism of chromatin yields information relating to two structural features. (2) First, the average orientation…can be estimated from…(3) Second, the relaxation rate…can be measured…(4) These two parameters taken together form an exacting criterion for the structural state of chromatin.(Hunston 1989：239)

在上述话语片段中，第(4)句话所起的评价功能即是关联。它将前文

（2）（3）两句加以总结概述，使前后呼应。Hunston围绕事态、价值、关联开展的评价研究与Hyland的元话语研究有一点明显的区别，前者更多关注话语核心元素所表达出的评价功能，而后者关注的主要是话语核心成分之外的评注性要素。

Hunston评价三分法中，事态评价在后续研究中探讨得最多，并且跟语料库理念，特别是短语学和局部语法分析方法结合比较充分。例如，

There is an alternative **interpretation**…the position and momentum of the electron are defined all along.（Hunston 2011：26）

该例中，粗体的interpretation（解释）与后文the position and momentum of the electron are defined all along（电子的位置和动量同时得以确定）这一命题在话语层面形成照应。解释是对其后命题的预示，也是对该命题的判断及评价。该句中的interpretation所发挥的评价功能即是事态。interpretation也被称为事态名词（status noun）。在此基础上，Hunston将评价分析跟语法构型（grammar pattern）和短语联系起来，并通过语料库手段辅助评价分析，如以事态名词、名词 + that小句、it v-link ADJ作为"探针"（probe）（Hunston 2002：62），可以获得大量评价表述，并可就某个特定的构型进行所谓局部语法的描述，同时揭示其局部功能。与此相关的研究还包括"抽象名词"（abstract noun）、"概念名词"（conceptual noun）、"壳名词"（shell noun），如problem、idea、fact等名词（Schmid 2000）；"泛指名词"（general noun），如time、people、world、thing等（Mahlberg 2005）；"标识名词"（signalling noun），如attitude、process、reason、result等（Flowerdew 2003；Flowerdew & Forest 2015）。

有关主题、话题、话题链、焦点、前景化等子话题的研究较多反映在Halliday（1985a）的系统功能语言学、美国西海岸功能语言学（Givón 1984；Hopper & Thompson 1984；Li & Thompson 1989；

Givón 1990；Bybee & Hopper 2001）以及语言观相近的认知语言学
（Langacker 2008）研究中。这一研究取向与句法研究关系紧密，注重语
法成分或结构的话语组织或语用功能，例如张克定（2001，2007，2011，
2012）对（方位）倒装构式、句首空间附加语、主位化评述结构在话语组
织和评价方面的探讨。然而总体来说，这一研究传统只有少数研究成果
（苗兴伟、秦洪武 2010；王义娜、李银美 2016）。目前少有研究基于大规
模语料开展实证量化分析。

概言之，本节介绍的话语评价特征研究，在一定程度上都直接或间
接受到Halliday功能语言学理论，特别是人际功能相关论述的影响。这在
Biber、Martin、Hunston、Hyland的文献中都有提及。另外，Biber的
立场观和语域变异研究很大程度上受到社会语言学的影响。Biber的相关
研究关注评价性语言和语域变异之间的互动关系。在研究方法上，学者们
注重将具有主观性特色的评价研究操作化，从而可以更好地借助语料库方
法开展实证研究。

正如话语结构特征与语义特征不能截然分开一样，话语的语义特征
及其社会属性也是紧密关联的。仅以上文探讨的立场研究为例，Hyland
（2005b：173）就指出，学者们在产出文本时，不单是产出一种外在产品，
同时也建构和协商社会关系。Hyland & Guinda（2012）汇集了有关立场
的语言和社会视角的很多重要研究成果。

1.3.4　话语的社会属性

话语的社会属性常以社会认知、话语建构、形象建构、身份认同、
权势关系等概念在文献中出现。前文谈过，Harris（1952）提出"话语分
析"这一概念时，就将话语的社会维度考虑在内，然而，直到20世纪70
年代之后，话语的社会维度才逐渐受到重视，近年来更成为话语研究的
热点。这跟语言学和社会科学领域从结构主义到后结构主义/解构主义
（Angermuller 2014；Baker 2006：5-9；苏晓军 2009；王宁 2009）的思

潮演变较为一致。后结构主义是对结构主义的背离。在结构主义理论中，包括语言在内的现象和观念，通常都有明确的核心以及与之相对立的边缘现象。一些重要观念都具有二元对立（binary opposition）的性质，例如，有长有幼、有尊有卑、非好即坏等等。以 Derrida 和 Foucault 为代表的后结构主义者则认为，人们认识中的这些二元对立和中心论等都应被解构（Angermuller 2014）。在此之外，可以作为后结构主义补充的理论是社会建构主义（social constructionism）（Burr 1995；Teubert 2007：57，67）。这一理论认为，社会现实和观念不是先验的存在，也并非固定不变，而是社会成员在长期互动基础上动态浮现（emerge）而成。这种社会建构会因时因地而有所区别。因此，我们也可将话语的社会属性研究称为社会建构（social construction/representation）或话语建构（discursive construction）研究，这同时也被 Gee（2015）称为与话语的语言结构特性（discourse with a small d）相对的"大写的话语"（Discourse with a big D）。为讨论方便，我们将话语的社会建构常见选题概括为：1）具体事件建构；2）抽象观念建构；3）个体身份建构；4）群体形象建构。

对于话语的社会建构，有学者（如 Teubert 2010）认为研究所建构的仍然是话语的语义特征，只不过是社会意义。这种认识并无不妥，只是语义更多局限于语言本体，社会意义指向语言符号的外部表征，甚至人们对某些话语现象的认识。语义和社会意义可理解为处于话语意义连续统的两端，一端为语言本体，一端为社会语境。话语和社会语境两者相辅相成，一定的话语根植于一定的社会情境，特定的话语也会塑造一定的社会现实。因此，我们可以通过研究话语探究社会现实，甚至推知社会现象背后的深层问题，同时也可能通过恰当的话语引导社会风气。通常，话语建构研究旨在揭示话语现实，某些批判话语研究致力于通过对话语的解析从而改变社会风气（Wodak & Chilton 2005）。在操作层面，对于话语的建构，也常被称为"所言之事"（aboutness）（Phillips 1985，1989）。借用新闻写作的"5W + 1H"的六要素来看，话语建构就是什么人（Who）在什么时间（When）什么地方（Where）做了什么事情（What），具体是如何做的（How），为何会出现这样的情形（Why），也可简化成"描述"和"阐释"两方面。有关事物和观念的建构也大体如此。话语产出（写作或会话）与话语建构研究的最大区别是，前者是建构话语事实，后者是反其道而行之，基于对话语的分析重构（re-construct 或 re-present）话语事实。以下将概述四类话语建构的常见研究选题。

1.3.4.1　具体事件建构

这类话语研究通常关注特定的社会、自然现象或突发事件。例如，Powers & Xiao（2008）关于非典（SARS）话语的研究、McEnery（2009）关于 Mary Whitehouse 维护电视节目内容洁净行动（Clean Up TV）的分析、Potts（2015）关于美国卡特里娜飓风报道的考察、Yang（2014）关于2008年奥运火炬传递中英媒体报道的研究。这里以网络上常雪松撰写的一篇题为《从语义分析看〈徐霞客游记〉的细节：他吃什么？住哪？买了什么纪念品？》的文章示例徐霞客旅游体验的话语建构。该文以朱惠荣所译约80万字（约60万词）的《徐霞客游记全译》作为语料，通过高频词（下文双引号中为语料分析高频词）分析，回答了这几个问题：1）徐霞客主要在哪里吃饭，和谁一同用餐，饭菜如何？2）徐霞客每天在哪里住宿？居住环境如何？3）徐霞客的主要交通工具是什么？4）徐霞客一路都有哪些购物及消费？上述问题是从旅游经济学的食、宿、行、游、购、娱（郑杨1998）几个方面提出的。文章尝试通过话语分析，重构徐霞客的经历，并加以适当评价。作者分析得出：徐霞客最主要吃饭的地方是在"寺庙"，常与"僧人""法师""挑夫""脚夫"一起用餐。徐霞客所吃饭菜包括肉类、蔬菜、水果、主食等。其中肉类以鱼类为多，且种类丰富，包括"鲤鱼""鲫鱼""香鱼""青鱼""白鱼"等。还常以"松子"等作为零食。徐霞客主要住在"县城""旅店"。除旅店外，"寺庙"也是徐霞客的落脚点之一，他偶尔还会"寄宿"在"当地人"的"茅屋"和"竹楼"内。作者常雪松推断《徐霞客游记》的大部分应是完成于一个个旅店的二楼房间，因为通过高频词和上下文分析，徐霞客入住旅馆后，一般会挑选相对安静和舒适"楼上""房间"入住，并写"日记"。

表1.8 《徐霞客游记》中的交通出行方式

交通方式	所占比例	交通方式	所占比例
行	66.50%	辑	0.26%
舟	16.28%	轿	0.17%
马	8.95%	楫	0.17%
步	3.81%	滑竿	0.06%
走	3.09%	驴	0.04%
船	0.63%	骡	0.04%

如表1.8所示，出行方面，70%以上的行程，徐霞客是靠双腿走出来的(行、步、走所占比例为73.4%)。他在旅途中少有"娱乐"。除了游历山川，可能就是"被困"寺观，与"和尚""道士"求经问道了。他购买最多的是"大米""鱼""柴火""香蕉""橘子""衣服"等生活必需品。偶尔也会购买少量"石头""扇子"作为纪念，这与其文人身份较为吻合。

这一案例说明话语研究可以有效重构几百年前，徐霞客长达24年，足迹遍及如今21个省、市、自治区的游历历程。

1.3.4.2　抽象观念建构

抽象观念话语建构可理解为大量具体事件整体呈现出的概括性话语现实。例如，偏见(Billig 1988)、恐怖主义(Qian 2010;张立英、李可2017)、移民问题(Hart 2013)、忧郁情绪(Wang 2013)、战争合法性(庞超伟 2013)、悲伤情绪（Zhang 2014）、中国梦（邵斌、回志明 2014；钱毓芳、黄晓琴 2016）、全球化（Dye 2015）、气候和环境问题（Dayrell & Urry 2015；Willis 2017）、低碳经济（钱毓芳 2016）、恐惧与威胁（Cap 2017）、中医药（钱毓芳 & McEnery 2017）等。这里我们以媒体中的幸福感建构（廖卫民、钱毓英 2012）为例说明此类话语建构研究的思路。通常相关研究中的抽象概念需加以操作化，即根据某种理论框架或研究者的分类将抽象概念划分成若干维度或层级，然后再从语言层面寻求对应的表述，最终再对抽象概念的整体建构作出描述和评价。

廖卫民、钱毓英（2012）关注的是中国 GDP 高速增长背景下百姓的幸福感问题。这一选题看似俗套，却有很强的现实意义。一般人们倾向于认为幸福感较为空泛，但根据作者的文献综述，幸福感研究有情绪模型、认知模型、主观幸福感、心理幸福感和整合模型。在该研究中，作者提出了幸福的五大因素模型，包括社会物质条件、工作事业发展、个体情感、个体认知和社会关系。这五个维度整合了前人的相关研究，同时也考虑到了相关因素在文本分析中的可操作性。作者选取了浙江当地的 15 种报纸、五档电视节目作为分析语料，分析结果见下表。

表 1.9　基于语料库数据的社会幸福感评估表（精简自廖卫民、钱毓英 2012：24）

社会幸福感构成因素	主要代表词汇	媒介呈现评估（％）
社会物质条件	盛世、和谐、美满、腾飞、崛起、转型、小康、殷实、宜居、平安	37
工作事业发展	顺利、增长、工作、学习、劳动、忙碌、共建、共享、奋斗、创造	13
个体情感	爱、晒、自尊、喜欢、信任、快乐、感恩、安全、感动、愉悦	11

（待续）

（续表）

社会幸福感构成因素	主要代表词汇	媒介呈现评估（%）
个体认知	认识、知晓、感悟、理解、豁达、乐观、宽容、满意、满足、放松	10
社会关系	婚姻、家庭、友爱、互助、帮扶、恩爱、和美、团圆、融洽、互谅	29

空泛的幸福感和离散的字词，通过概念模型得以条理化、体系化，从而帮助我们完成对抽象观念理论化的建构。此外，该研究在描述基础上作了很好的概括和评价。作者通过量化统计和文本解读得出：浙江媒体对社会幸福感总体上存在"重物质、轻精神，重集体、轻个体，重宏观、轻微观，重官方、轻民间，重规划、轻落实"的不平衡现象。同时，作者还尝试从"不幸福感"进行分析，挖掘所谓"被遗忘的幸福感"，说明在幸福的同时，还隐含一些诸如"健康""忙碌""亚健康"，对弱势群体关注不足以及部分人"炫"幸福等现象。

1.3.4.3　个体身份建构

个体身份建构的对象通常包括两类。一类是具有突出社会影响的名人，比如政要、知名学者或网红等。例如有关特朗普（Knoblock 2017；Ott 2017）、Widdowson（De Beaugrande 2001）、John Swales和Deborah Cameron（Hyland 2010）、网络虚拟形象（Georgalou 2017）等身份的建构。另一类为数众多的个体身份建构研究关注的是话语中的自我建构。后一类研究虽然有时也是针对特定群体进行考察，但强调每个说话人或作者都有其独特的形象或声音（Hatch *et al.* 1993；Ivanič 1998；Matsuda & Tardy 2007；Matsuda 2015）。此类研究多见于二语写作和学术写作研究文献中。话语中的身份建构概括起来有三类观察视角：1）个体（personal或individual）身份视角，可以理解为一人一面，人人不同；2）社会（social或social constructionist）身份视角，即众人一面，士农工商，君臣父子，人们各有其社会规约性身份，同时也会因社会场景的改变而切换成其他社会规约性身份；3）互动（interactive、dialogic或social constructivist）身份视角，即身份无不由社会互动协商产生。作者总在有意识或无意识地设定一定的读者对象，从而呈现相应的个人形象。而读者事实上也并非完全被动，他们也是身份建构和协商的一部分（参见Tardy 2012；Hatch *et al.* 1993）。前两类观察视角较容易理解，以下以Hatch *et al.*（1993）为例说明互动身份研究的典型思路。

Hatch等人研究的副标题《读者印象中的作者个性》（"Readers' impressions of writers' personalities"）更能明示该研究的属性。这里的读者印象和作者个性就是我们谈的身份。Hatch等人基于几十份高中生撰写的大学入学申请信（admissions essay）设计了三项研究任务。第一项任务是请卡耐基梅隆大学的教师和助教一共三人分析61篇申请信，三人共概括出30项左右申请人的个性特征，见表1.10。三人对61份材料的作者身份分析一致性具有统计学上的显著意义。

表 1.10　Hatch *et al.*（1993：579）研究中"读者印象中的作者个性"

Positive traits（积极身份特征）	Negative traits（消极身份特征）
likable（可爱）	flippant（无礼）
sensitive to people（人际敏感）	pretentious（矫揉造作）
mature（成熟）	arrogant（傲慢）
down-to-earth（脚踏实地）	immature（不成熟）
positive attitude（积极态度）	unlikeable（不可爱）

（待续）

（续表）

Positive traits（积极身份特征）	Negative traits（消极身份特征）
creative（有想法）	weird（怪异）
interesting（有趣）	socially awkward（不善社交）
broad（不狭隘）	negative attitude（负面态度）
socially adept（善于社交）	egocentric（自我中心）
self-sufficient（善于自理，不求人）	naive（幼稚）
determined（有决心）	dull（无趣）
serious（严谨）	narrow（狭隘）
hardworking（勤勉）	
modest（谦逊）	
assertive（果决）	
ambitious（有抱负）	
self-confident（自信）	
extrovert（外向）	

  第二项任务是请卡耐基梅隆大学的八位招生负责人（admissions counselor）评阅61份材料中的20份。请他们依据申请书的评阅结果录取20人中的10人，淘汰10人。研究结果显示，在任务一的分析中获得更多积极身份标签的申请人更容易受到青睐，从而被录取。

  第三项任务是请23位研究生同学评阅九份申请信，圈点并标记出表1.10中提到的身份特点。这九份申请信中有些是经过润色的，有些是未经改动的原稿。相关改动润色着重考虑减少负面身份特征（比如过于华而不实的语言），而不改动申请信的核心内容。比如将原稿中的I could now carry on intelligent conversations where most of the students in the classroom understood what I was talking about. 这一句改为I enjoyed conversations with other students who shared knowledge and interests similar to my own.。第一句的语气有些傲慢，改后的句子则要谦虚得多。测试结果显示，修改后的申请信较原稿而言，明显得到了更多的积极身份特点评分。

这一研究表明，作者所呈现出的身份特征在读者一端是可以解读出来的，并有较高的共识。良好的作者身份建构事关录取与否，招生负责人（读者）对于话语身份也十分看重，甚至是决定性的。话语层面的改善可以有效提高读者读取作者积极身份的概率。可见身份建构绝不是简单的单向度概念。

1.3.4.4　群体形象建构

常见的群体形象建构研究话题包括国家形象（Boulding 1956，1959；Wodak *et al.* 2009；唐丽萍 2016；梁云等 2017）、政党形象（Fairclough 2000；L'Hôte 2014）、青年人形象（Androutsopoulos & Georgakopoulou 2003）、性别形象（Baker 2005；Pearce 2008；Koller 2008a；Koller 2013；Baker 2014）、商人形象（彭焕萍 2008）、城市形象（Koller 2008b）、难民形象（Gabrielatos & Baker 2008）、企业形象（The PAD Research Group 2016）等。其中国家形象建构应是研究较多的一项选题。

这里以唐丽萍（2016）为例，示例此类研究的思路及方法。该课题利用LexisNexis媒体数据库，采集了《纽约时报》《华盛顿邮报》《洛杉矶时报》自2008年9月18日至2010年12月31日的涉华报道，建成中国形象语料库，库容约808万词次。研究围绕China一词，借助词语搭配、索引分析等方法，并结合系统功能语言学中的及物性和评价分析以及语料库研究中的语义韵等理论视角，对美国大报中的中国形象进行了描述。比如，作者通过词语搭配分析发现：rising、Communist、assertive、authoritarian、hungry、prosperous经常被用来修饰China。而通过及物性和语义韵相结合的分析，研究概括出中国"被评判者""被规劝者""受益者""被惩罚者"和"被遏制者"的形象。美国大报对中国国家形象的建构仍然是以妖魔化、边缘化、遏制为主要的话语模式。虽然美国媒体也塑造出"经贸激增、富裕繁荣、国际影响力日益提升"这样的中国形象,但也存在有意贬低中国崛起、误导民众、蓄意遏制中国的特点。

　　本节从话语建构的常见选题,分四个方面对相关文献作了综述。不难看出,话语建构研究涉及面十分宽泛,可拓展性也非常强。随着新鲜事物的产生,新人物的出现,热点事件及新颖概念的不断形成,此类研究成果层出不穷。另外,从研究的理论视角看,话语建构受到传播学、社会学、人类学、心理学、政治学等多个学科的关注。在语言学内部,除话语研究之外,语用学、社会语言学、跨文化交际、翻译学等也都从各自理论立场,开展了很多话语建构研究。然而,无论上述研究涉及哪个领域、哪个学科分支,在开展话语建构研究时,都无法回避对话语的分析,即对真实使用中语言的考察。因为,语言与身份建构之间存在一种"指示性"(indexicality)(Silverstein 1976:29),即语言和身份(社会意义)之间存在一定的对应关系。例如,男性跟女性之间各有其说话方式;青少年和老年人也各有其不同的话语表达方式。然而,身份的社会规约性,也存在一定的变异性,相同的说话人会因时、因地、因事不同而对其说话方式有所调整或修饰。话语建构的动态性和变异性,甚至不可预期性,更增添了其研究价值。

1.3.5　结语

　　本章概述了本书的两大核心领域:语料库研究与话语研究。笔者在话语特征和话语研究的常见选题方面着墨更多,原因之一在于话语研究不断拓展的蓬勃势头;原因之二是在本书中笔者将"话语"视为主要研究对象或核心议题,而将"语料库"视为语言数据、分析方法和研究视角。换言之,除了语料库语言学这一研究角度外,还有很多其他类型的话语研究路径。语料库研究突出的方法论特色,我们将在下一章重点加以介绍。

第二章 话语研究的语料库方法

2.1 基于语料库的话语研究方法概述

语料库语言学从初创至今，其重心放在词汇和短语上。基于语料库的句法、话语、语用、韵律等方面的研究较为欠缺。这一方面是受制于语料库工具的分析能力，另一方面也与Halliday和Sinclair等学者强调词汇在语言研究中的理论地位（Halliday 1966；Sinclair 1966，2004）不无关系。Halliday将词汇语法（lexico-grammar）视作连续统，而Sinclair则致力于创立一个围绕词汇的语法理论（lexical grammar）。目前绝大多数语料库话语研究仍然围绕词汇短语展开。这种以词汇观察话语的研究思路也成就了别具特色的语料库话语研究。

在语料库研究领域，语料库话语研究的历史要晚于基于语料库的词汇语法研究。从目前掌握的文献看，早期语料库话语研究的代表性论述包括Phillips（1983，1985，1989）、Biber（1984，1988）、Stubbs & Gerbig（1993）和Stubbs（1994，1996），见表2.1。

表 2.1　早期语料库话语研究课题

早期代表性语料库话语研究成果	同时期相关语言学理论探讨
Phillips（1983）: Lexical macrostructure in science text	Hoey（1983）有关话语研究目标的探讨
Biber（1984）: A model of textual relations within the written and spoken modes	Tannen（1982）等关于口语书面语语域差异的讨论
Stubbs & Gerbig（1993）: Human and inhuman geography: On the computer-assisted analysis of long texts	Fowler（1991）、Fairclough（1989，1992）关于批判话语的讨论

　　Phillips（1983）是在John Sinclair指导下完成的博士论文。该研究立足于解决话语"所言之事"（aboutness）的自动分析问题。Phillips对CLOC软件提取的搭配词进行了聚类分析，考察了学术话语的章节内容以及章节间的主题关联。某个章节聚类后，可以得到很多具有语义关联性的"词集"（lexical set），若以图形方式展现的话，即可形成"词汇网络"（lexical network）。一本书的每个片段、每个章节都可得到很多这样的词汇网络。Phillips把这种由搭配词构成的词汇网络以及不同词汇网络之间的相互关联性称为"文本的词汇宏观结构"（lexical macrostructure in text）。这样的结构是揭示话语内容的有效手段。图2.1展示的是某科技论著第三章(左侧)和第十一章(右侧)的部分词汇网络。它们有三个相同的词汇网络节点(即small、variation、arbitrary)，可见这两章内容都谈及"arbitrary small variation"(任意微小变化)这一概念。由此可知，第三章和第十一章在话语层面"所言"相近，内容前后呼应。

order ○　small ○ — — — — — ○ small ○ consider

variation ○ — — — — — — ○ variation

arbitrary ○ — — — — — — ○ arbitrary ○ independent

stationary ○　vanish ○

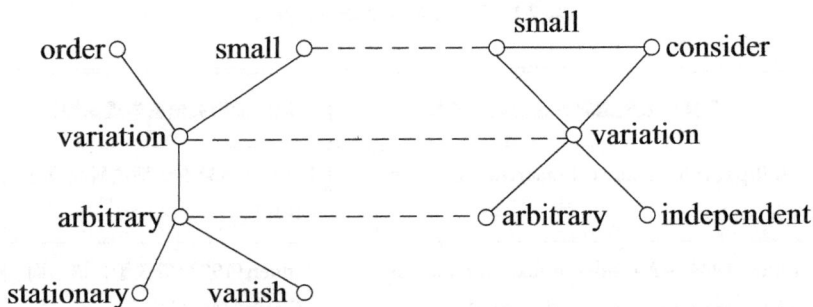

图 2.1　词汇网络（Phillips 1983：214）

　　Biber（1984）这篇博士论文是在社会语言学家 Edward Finegan 的指导下完成的，旨在运用量化分析手段解决语域变异问题。与 Phillips（1983）在其研究中采用词汇共现方式不同，Biber 在他的技术路线中考察了 41 种词汇语法特征（如连词、代词、模糊限制语、过去时、关系从句、被动句等）之间的共现情况。因为根据前人文献，口语和书面语对于这些语言特征有不同的选择偏好。比如偏口语的语域更多出现人称代词、模糊限制语等，而学术性话语多用关系从句和被动句式。Biber 采用了口语和书面语共约 50 万词次的语料，针对 41 项语言特征在语料中的出现情况，进行了因子分析（factor analysis），最终得到区分口语和书面语的五项因子，即区分口语到书面语语域连续统的五项话语功能维度，见表 2.2。

表 2.2　Biber（1984）多维分析框架

	话语功能维度	英文表述	功能维度含义	语言特征示例
1	话语偏向	Orientation of discourse	话语更偏向互动还是信息传达	代词 it、模糊限制语、现在时、无施事被动句

（待续）

（续表）

	话语功能维度	英文表述	功能维度含义	语言特征示例
2	信息突显度的显性标记	Explicit marking of informational prominence	信息焦点突显	句首介词短语、前置that从句、强调句、(特殊)疑问句
3	信息类型	Information type	话语蕴含信息的凝练、抽象程度	名词化、被动态、时间副词、地点副词
4	临境性	Immediacy of context	表达过去视角还是当前视角	过去时、完成体、第三人称代词
5	立场表达	Stance	表达作者和说话人的立场态度	强化词、态度及评价性词语

Stubbs & Gerbig（1993）的研究针对两本中学地理教材中的两篇文章（Text E: "The Ozone Message"和Text G: "The British Isles"），通过与通用英语语料库LOB的比对，考察了相似话语内容中不同观念立场的建构。这里仅以研究中围绕作格动词（ergative verb）的及物性分析为例，展示该研究的大致思路。例如，作者对文本中使用作格动词的所有例句进行了及物、被动、不及物用法的分析。以close（包含close、closes、closed等）一词为例，该词有下列句法表现形式：several firms have closed their factories（及物）、factories have been closed（被动）、factories have closed（不及物）。表2.3是基于change、develop、form、improve、increase这五个动词的数据汇总。

表 2.3 Stubbs（1994：209）作格动词及物性分析对比

	及物用法	被动用法	不及物用法	合计
Text G	97（31%）	54（17%）	161（52%）	312
Text E	53（55%）	12（13%）	31（32%）	96
LOB	395（49%）	156（20%）	249（31%）	800

注：χ^2 G 与 E = 18.48；df = 2；$p < 0.001$；χ^2 G 与 LOB = 43.06；df = 2；$p < 0.001$；χ^2 E 与 LOB = 2.86；df = 2；p 在 0.2 水平上不显著。

　　数据表明，与文本 G 相比，文本 E 中显著多见（$p < 0.001$）及物用法。相应地，文本 G 中则多见被动和不及物用法。而文本 E 和通用英语（LOB）的动词及物性使用情况较为接近，没有统计学上的差异。进一步结合索引行语境分析，Stubbs 和 Gerbig 发现，在有关环境问题的话语建构上，文本 E 更关注环境问题的社会责任。因为较多的及物表达可以突显环境变化的施事（责任主体）和受事（环境破坏的具体对象）。可见，教材 E 更有助于教育中学生关注环境保护的社会职责，让青少年了解人类与环境息息相关，保护环境，应当从自身做起。而教材 G 则更偏向于对地理环境的客观描述，更多的被动和不及物用法也说明了这一点。这项研究在 Stubbs 和 Gerbig 撰写的文献中都作了详细介绍，其中 1993 年的文章标题很好地总结了该研究的主要发现，即《人文性和非人文性的地理》（"Human and inhuman geography"）。

　　上述三项开创性研究中，Biber 一派得到较为系统的继承和发展，成为美国语料库语言学的主流，其弟子以 Biber 供职的北亚利桑那大学（Northern Arizona University）所在地将这一研究传统命名为"弗拉格斯塔夫学派"（Flagstaff School）（Cortes & Csomay 2015：xv）。他们研究的主要领域为"语域变异"（register variation）或"语域研究"（register studies）。这一传统的主要研究方法在 Biber（1984）中提出。其后，Biber 在 1988 年的专著中，基于67项语言特征，得出七项语域区别性功能维度，这一成果奠定了其研究的基本思路和框架。随后这一派的研究涉及英语语法体系的语域变异描写（Biber *et al.* 1999）、大学语境中口头语和书面语各话语类型的变异分析（Biber 2006）、网络话语的语域变异研究（Biber *et al.* 2015; Biber & Egbert 2016）以及语域变异的跨语言研究（Biber 2014）等。

与Biber（1984）不同，Phillips（1983）和Stubbs & Gerbig（1993）的研究未受到足够重视，在基于语料库的话语研究的文献中也很少被提及。近二十年以来，随着像WordSmith Tools和AntConc这样的语料库分析工具的出现，随着批判话语研究的兴盛，大量研究采用主题词、搭配分析、索引行解读等方法考察话语"所言之事"和话语背后的权力关系、意识形态、身份建构。然而，将如今的话语社会属性研究与Phillips（1983）和Stubbs & Gerbig（1993）稍作比较即可发现，在研究目标、研究设计和基本方法上，Phillips和Stubbs等人在他们的研究中都已初步确立。例如Baker（2005：53-55）提出以"搭配网络"（collocational network）勾勒话题知识，跟Phillips（1983）的"词汇网络"如出一辙。Stubbs & Gerbig（1993）对地理教材的意识形态分析，完全称得上是基于语料库的批判话语研究的先声，也是语料库语言学对在20世纪90年代初走上快速发展轨道的批判话语研究的一种积极回应。

在当前语料库话语研究中，批判话语相关研究的成果最为丰硕，发展势头最猛。该领域的研究机构以英国兰卡斯特大学最为突出，这在很大程度上得益于该大学批判话语研究、语用学、社会语言学方面的研究传统。先后有批判话语研究学者Norman Fairclough、Ruth Wodak、Paul Chilton在该校任教；在语料库语言学和语用学研究方面，更有Geoffrey Leech领军；对语料库和(批判)话语研究加以整合的工作，主要由Paul Baker和Tony McEnery等学者于2000年前后组织开展。相关的研究选题主要集中在性别话语上，特别是男女同性恋的话语研究（Baker 2005; Koller 2008a）；难民形象；临终关怀话语；仇恨话语；暴力事件；贫困现象；气候变化等社会热点事件的媒体话语。兰卡斯特大学传统的语料库话语研究大多采用主题词（含基于Wmatrix标注的主题领域）以及搭配分析等语料库方法（Baker 2004，2006；Baker et al. 2008；Baker & McEnery 2015；Baker & Egbert 2016）开展。在研究设计上多采用跨语料库对比的方法，例如男性和女性话语对比（Rayson et al. 1997）、不同历史时期的语料对比（McEnery & Baker 2017）、大报和小报话语对比（Baker 2010）和专题语料库与通用语料库对比（McEnery 2009）。

在批判话语研究之外，基于语料库的话语评价研究成为另一热门领域。这一研究取向并非沿袭某一学术传统，而是有多重发展脉络。其中较具代表性的有Biber（1984）、Biber & Finegan（1988，1989）、Biber et al.（1999：966-986）关于不同语域的立场研究；Hunston（1989，1995，2002，2011）、Hunston & Su（2017）关于话语评价的研究；Hyland（1994，1996，1998，2005a，2005b）关于学术论文中模糊限制语、元话语及立场和介入评价的研究。Biber、Hunston和Hyland三位学者采用的术语并不一致，这里我们以上位概念"话语评价"或"评价"加以统称。有关评价的研究还有其他一些重要流派和学者，但这三位学者引领的研究传统主要基于语料库数据和方法开展。Martin（2000）、Du Bois（2007）等一些学者的评价研究影响也较大，但因其并不以语料库方法为特色，因而不在此详述。

Biber、Hunston和Hyland话语评价研究的一大共性是多以学术话语为研究对象，而且他们都形成了各自的评价语言理论框架。然而，Biber的立场分类体系只是其语域理论中的一个区别性维度，立场评价研究只是其研究重心之一。Hunston从其博士论文至今都致力于话语评价研究。她的评价理论受到Halliday有关人际意义的影响，但关注范围更为聚焦。很多情况下她的研究切入点更为微观，常常以某个或某类名词或评价结构为始。她的分析主要以索引行分析作为起点，从共选理论角度分析评价表述的短语学行为和局部语法。

Biber和Hyland两位都注重对比不同话语类型中评价语言的差异。Biber更关注口语和书面语的差异或者正式和非正式话语类型的差异；Hyland的评价研究集中在学术写作方面，他十分注重学科差异，比如文理科评价资源运用的对比。Hyland也致力于理论体系建设，他的理论框架（如元话语分类）具有较好的操作性。在理论视角上，Hyland也会借鉴Swales的体裁分析和语料库研究中的短语学理念，但在分析评价表述时所作的索引行分析稍显简略。Hyland在探讨学者的话语评价时，通常还会与学术话语的作者身份建构相结合。

我国学者从事的语料库话语研究，在总体取向上与西方学者大体相似，也主要围绕批判话语研究、语域变异、话语评价等展开。表2.4列出的是我国学者的语料库话语研究取向与代表性成果。

表 2.4　我国学者基于语料库的话语研究取向与代表性成果

研究取向	代表性成果
批判话语研究（话语建构研究）	McEnery & Baker（2017）；Qian（2010）；Wang（2013）；Zhang（2014）；庞超伟（2013）；钱毓芳（2010，2016）；钱毓芳、黄晓琴（2016）；刘文宇、李珂（2017）；钱毓芳、田海龙（2011）；邵斌、回志明（2014）；唐丽萍（2016）；张立英、李可（2017）
语域变异	胡显耀（2010）；雷秀云、杨惠中（2001）；潘璠（2012a）；文秋芳（2009）；文秋芳等（2003）；武姜生（2001）；肖忠华、曹雁（2014）
话语评价	Gao（2016）；Huan（2017）；Hunston & Su（2017）；Jiang & Hyland（2015）；Jiang & Hyland（2018）；Jiang & Wang（2018）；Jiang（2017）；姜峰（2015a，2015b，2016）；鞠玉梅（2016）；李晶洁、卫乃兴（2013）；潘璠（2012b）；苏杭、卫乃兴（2017）；卫乃兴、张毓（2016）；徐昉（2011）；许家金（2013）

从研究语料上看，中国学者比较注重中外对比（唐丽萍 2016）、英汉对比（Qian 2010；胡显耀 2010）以及对中国学习者口笔语英语话语的分析（徐昉 2011；潘璠2012b；许家金 2013）。

基于上述回顾，我们注意到语料库话语研究在话语的意义维度和社会属性方面都得到了较为充分的发展。然而，有关话语的组织结构特性的语料库研究始终未有明显进步。从20世纪80、90年代开始，语料库方法就用于话语建构和话语评价研究，然而直到近些年才有使用诸如Coh-Metrix这样的衔接连贯自动分析工具的相关研究（McNamara *et al.* 2014；Liang 2015；梁茂成 2006；梁茂成、刘霞 2014；刘国兵 2016，2017）。计算语言学领域也提出了一些涉及话语研究的新理念和新技术，例如Polanyi（1988）创建的话语单位分析模型，Hearst（1993）提出的"语篇瓦片叠压"（TextTiling）技术（另见宋仁福 2016）等等。但这些研究或是限于理论探讨，或是过于注重计算机自动实现，难以在语言学上找到理据。

本章以下内容将从服务于话语研究的语料库建设、基于通用语料库工具的话语研究方法和基于专用语料库工具的话语研究方法三个方面，介绍语料库话语研究的基本方法。

2.2　服务于话语研究的语料库建设

有关语料库建设，很多书籍（Wynne 2005；Crawford & Csomay 2016；Weisser 2016；梁茂成等 2010：25-55等）和网络资料都有专门介绍。本节所涉及的语料库建设要素主要立足于话语研究。

2.2.1　建库目标与取样

用于研究的语料库可以是现成的，也可以是自建的。现成的语料库有些是服务于通用目的的，即库中语料涵盖面较广，语料规模少则百万，多则上亿或上百亿词次（例如美国当代英语语料库COCA、英国国家语料库BNC和北京语言大学汉语语料库BCC等）。在计划开始进行话语研究时，研究者可以从此类大规模平衡语料库中抽取一定的语料进行研究；也可以借用其他学者此前专门收集建设的小型专用语料库（例如由其他学者建设的中外媒体"一带一路"相关报道语料库），进行验证性或拓展性研究。

多数用于话语研究的语料库是自建的专用语料库。专用语料库的建设目标应当与特定研究目的相适应。在建库开始前需要明确我们的考察对象是汉语还是英语，是共时还是历时现象，是口语还是书面语，是正式媒体话语还是社交媒体话语，是学术话语还是科普材料，是只研究某个学科（如法律英语）还是比较不同学科间的差异，是考察学生还是专业学者的话语等等。

如果计划研究中西方主流英文媒体对"一带一路"（The Belt and Road）的话语建构，这一研究目标就要求我们收集的是英文语料，而且是中国及英美的正式媒体语料。文本的产生时间应该是2013年国家主席习近平提出建设"一带一路"合作倡议之后。在搜集语料时，检索词项的选择至关重要。比如，就"一带一路"这一主题的英语新闻语料，我们可以通过大学图书馆订阅的LexisNexis数据库进行检索，关键词除了The Belt and Road之外，还要考虑到One Belt and One Road Initiative、OBOR、One Belt One Road、B&R、The Belt and Road Initiative、BRI、Maritime Silk Road、Silk Road Economic Belt等同义及相关概念。检索到的语料，最好再加以人工筛查，去除顺带提及而并非专门讨论"一带一路"的文本。在媒体的选择上，如果研究只关注西方主流媒体，则英美重要的报刊应尽可能收罗其中，以保证语料取样的代表性。

语料库的规模也是建库时必须考虑的重要因素。语料若只有三五万词次，则不足以得出具有说服力的研究结论。已有文献并无对（专用）语料库规模大小的规定，但由于目前搜取电子文本相对便利，结合已发表研究中对语料库规模的报告，库容以不低于100万词为宜。然而语料库规模并非一定越大越好。在考虑文本规模时，应在确保取样均衡全面（即具有良好代表性）的前提下，尽量扩大文本规模。某些有关特定新闻事件的报道很难达到100万词规模，这种情况下如能尽量穷尽相关报道，语料规模若能达到几十万词次，也是可以接受的。

2.2.2 语料库文本的规格

语料库文本格式通常要求为纯文本格式（*.txt），而不是Word格式（*.doc或*.docx）、PDF格式（*.pdf）或网页格式（*.html）。少量软件也接受XML格式文本。

语料库文本的文件名命名原则：1）尽量简短，控制在八个字符之内较为理想，因为有些语料库软件不支持八个字符以上的文件名；2）以字母和阿拉伯数字命名，可全部用数字，或全部用字母，或者由字母和数字组合而成，建议以英文字母加阿拉伯数字构成文件名，这种方法可以比较好地起到分类和编号的效果；3）文件名中不应有汉字、空格和其他特殊符号。文件名应能提示话语内容信息，好比我国的身份证号码编码方式，不同的号段能揭示所在地市、出生日期、性别等信息。文件名也可以理解成语料文本的身份证号，它包含充足的身份特征，而非随机字符串。

以MICUSP（Michigan Corpus of Upper-level Student Papers）语料库文件BIOG0051.txt的命名为例（O'Donnell & Römer 2012），这一命名可按号段拆分成四个部分，即BIO-G0-05-1。其中BIO代表biology，即生物学专业。其他学科命名为ECO（经济学）、EDU（教育学）、MEC（机械工程）、PHY（物理学）、PSY（心理学）等；G0代表本科四年级（其他编码G1、G2、G3分别代表研究生一年级到三年级）。BIOG0051.txt这一例子中第六和第七位数字05表示生物学本科四年级的第五个学生，最后一位数字表示该学生提交的第一篇作业。基于上述文件名编码中所记录的信息，研究者可以进行不同学科之间的对比研究，本科生与研究生的对比研究以及研究生不同年级之间的对比研究。

再以COCA samples(美国当代英语语料库样本库)文本的命名为例：acad 1990.txt、fict 2012.txt、news 2001.txt、spok 2009.txt，从这四个文件名应能很直观地看出这些文件分属学术、小说、新闻、口语四类语域，而文件名的后四位则是文本产生的年份。如此命名的文件十分有利于我们开展语域变异研究和语言现象的历时考察。

采用规律的文件命名方式是研究者的良好学术习惯，更重要的是它可以为后续话语研究中社会语言学维度之间的对比提供便利。上述案例的文件名中所记录的信息称为文本的元信息(metadata)，是对话语内容的相关背景的描述。在语料库建设中，更常见的元信息记录方式是在每个文件的开头部分标明并保存。

2.2.3　元信息标记

元信息主要包含对其所描述文本的产出时间(如书面语的出版年份或口头会话的发生时间)、地点(如出版地点或会话发生的场景)、作者或说话人身份(如男性或女性、本族语者或非本族语者、学生或专业学者)、文本所属学科(如理、工、农、医、人文、社科)等。此类信息记录得越详细，语料库可供挖掘利用的价值越大。不同的语料库包含哪些类型的元信息，一方面取决于我们能获取到的相关信息；另一方面，也需要建库人或研究者对将来可能的研究目的有所预判，从而决定哪些要素应保留在元信息中。因而，不同的语料库，其元信息要素并不相同。除了上述具有研究价值的元信息类别外，在很多语料库中，我们可以见到有关文本创建者、校对者、文本的版本信息等。这些也属于元信息范畴，是对文本的技术性说明(documentation)。图2.2是MICUSP的元信息示例：

```
<URL>http://search-micusp.elicorpora.info/search/view/?pid=BIO.G0.05.1</URL>↓
<Discipline>Biology</Discipline>↓
<Student_Level>Final Year Undergraduate</Student_Level>↓
<Sex>Female</Sex>↓
<Native_speaker_status>NS</Native_speaker_status>↓
<Paper_type>Report</Paper_type>↓
<Paper_contains_following_features>Methodology section, Discussion of results section,
Tables, graphs or figures, Reference to sources</Paper_contains_following_features>↓
<Word_count> (1509 including notes and references) </Word_count>↓
From as early as 1948, scientists have studied the potential of porphryins and
metalloporphyrins in cancer detection and therapy. For reasons unknown then, these
compounds had high affinities for neoplasms (tumors) when injected into mice.1 In fact,
porphyrin concentration was highest in and near necrotic areas (unprogrammed cell
death). The potential for metalloporphyrins in tumor identification was further uncovered
```

图 2.2   MICUSP的元信息示例

图2.2中以开始标签<>和关闭标签</>在BIO G0051.txt文本开头标出八项该语料文本的元信息。其中"学科"（Discipline）、"学段"（Student level）、"性别"（Sex）、"是否为英语本族语者"（Native speaker status）和"作业类型"（Paper type）都具有潜在的话语研究价值。而"网址"（URL）、"文中所含特征"（Paper contains following features）和"词数统计"（Word count）属于文本的技术性说明。

在实际操作中，一旦元信息要素确定，就可以编制一个元信息模板。例如：

<Authors></Authors>

<Publication_Year></Publication_Year>

<Publisher></Publisher>

<Text_Collector></Text_Collector>

<Title></Title>

如图2.3所示，可以利用PowerGREP软件的"查找替换"（Search and replace）功能，找到每篇文档的开头位置（正则表达式为\A），然后替

换为事先准备好的元信息模板。这种做法的好处是：我们可以对一个文件夹中的成百上千甚至是几十万个文件，一次性添加统一的元信息模板。这样可大大节省元信息标注所需时间。

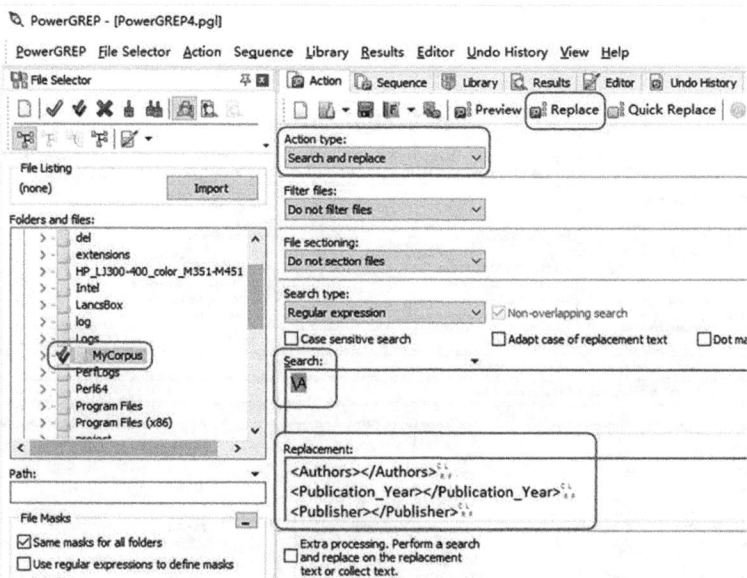

图 2.3　批量添加元信息模板

针对添加了元信息模板的文本，我们需要根据每篇文本的实际情况，添加相应的属性值。例如，在<Authors></Authors>中间填入作者信息，在<Title></Title>中间填入相应的文章或图书题名。

前文介绍的文件名和文本开头保存的信息都属于元信息。在开展话语研究前，我们常常需要对语料库作一定筛选，选出其中某些类型的语料，并进行一定的对比。

目前主流的在线语料库平台，如杨百翰大学的语料库平台（COCA等）、文擎（Sketch Engine）平台、CQPweb语料库平台等都有针对语料库内部子库的限定性检索功能。之所以能对语料库进行细分和子库检索，主要是源于这些语料库建库时所存储的元信息。在知名的语料库中，BNC的元信息标注比较精细，因此基于BNC开展的跨语域、跨地域、跨代际、性别间的对比研究最为丰富。我们从BNC的元信息筛选界面可见一斑（见图2.4）。

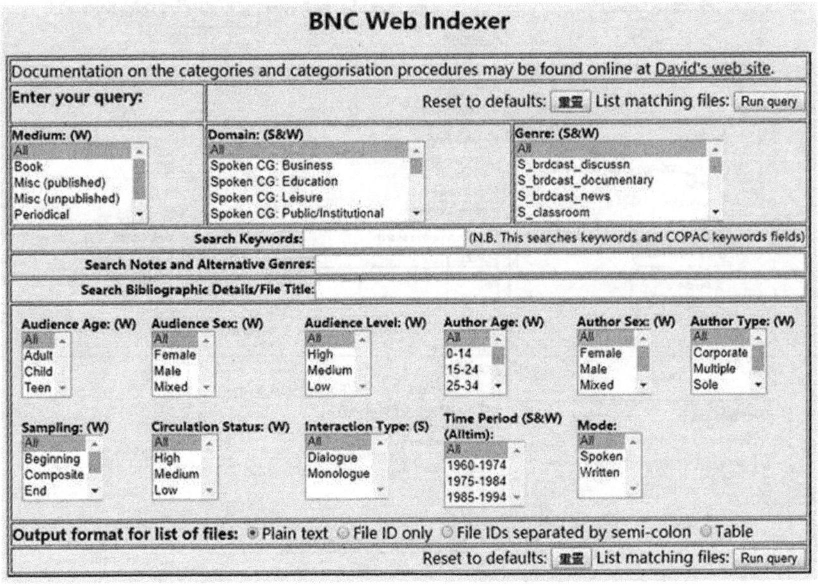

图 2.4　BNC元信息筛选界面

　　上述这些可细分的语料库，多半是大型通用语料库。而话语研究中较多采用专题语料库。针对自建专题语料库，如果文件名或元信息标注合理，可利用子库创建工具Sub-corpora creator析出相应的子语料库。以下以MedAca医学学术英语语料库（临床医学专业分库）文本为例，说明如何利用文件名和元信息进行子库创建（见图2.5）。

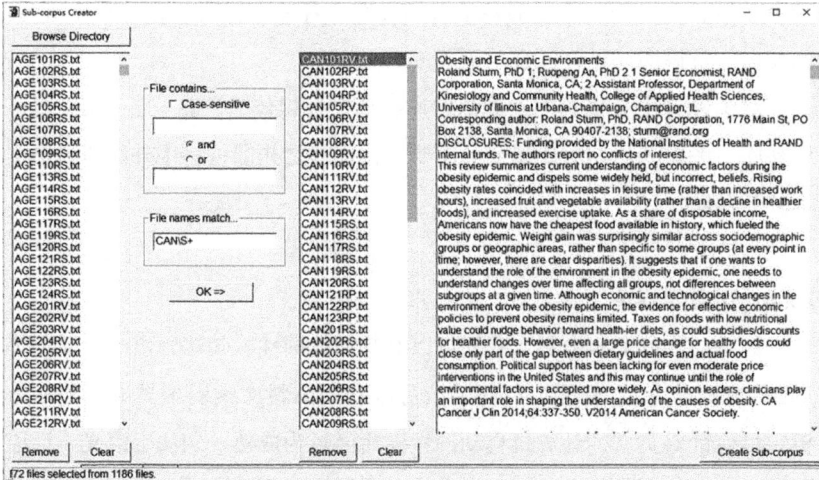

图 2.5　基于 MedAca 语料库文件名元信息创建子语料库

　　在软件中，我们打开 MedAca 语料文本所在的文件夹（Browse Directory），然后在"文件名匹配"（File names match）栏内输入正则表达式 CAN\S+（其含义是以 CAN 开头的任何文件，CAN 是 cancer 一词的缩略，即肿瘤学。\S+ 代表任何字符串），单击 OK 后，界面中央显示出肿瘤科学类文本文件名列表。点击文件名可浏览核查相关文件的内容。最后点击"创建子语料库"（Create Sub-corpus）按钮，在合适的位置"新建文件夹"。这样所有筛选出的"肿瘤科学类文本"便会自动存储到新建的文件夹中，成为 MedAca 语料库的一个子库。同理，我们可以筛选出老年病学文本，即所有以 AGE（ageing 的缩略）开头的文本。Sub-corpora creator 还有一个功能，即"文本中包含"（File contains）选项。例如，我们在 File contains 下方的输入框内填入正文元信息 <Gender>Male</Gender>，就可以得到所有男性作者的文本。按同样方法，再检索 <Gender>Female</Gender> 便可以得到所有女性作者的文本。所得到的两个子语料库，便可用于男性学者和女性学者英文表述差异的对比研究。相关操作及说明详见许家金、梁茂成（2011）。

对于设计十分聚焦的专题语料库，如中外媒体"一带一路"英文报道语料库，考虑到后期对比研究的需要，在创建之初即可将中外媒体话语文本分开存储。

2.2.4 语言学标注

针对整理好的生语料，我们可以对其加以词性、句法、语义、话语等层面的语言学信息标注，以便后续可以利用语料库索引工具进行检索分析。目前针对英文的计算机自动词性标注已较为成熟。句法、语义、话语层面的自动标注也都有一定进展，但准确性和可靠性还有待提高。以下笔者将对词性和词汇语义自动标注作简要说明。

词性标注：目前常用的英文词性标注工具主要有CLAWS（Constituent Likelihood Automatic Word-tagging System）和TreeTagger两种。两者标注的准确率相当，都可以达到95%以上。前者标注的词性更细一些，例如be动词这一词性在CLAWS软件中就被区分为VB0（be动词原型）、VBDR（were）、VBDZ（was）、VBG（being）、VBI（不定式to或情态动词后的原型be动词）、VBM（am）、VBN（been）、VBR（are）、VBZ（is）九个词性子类。词性代码细化有利于开展更细类别的词性和语法范畴的研究，但像上述be动词的九种代码，多数是一词一码的情况，对研究来说并无特别大的价值。CLAWS是商业软件，需要购买。其免费版Free CLAWS WWW tagger可以在线使用，但对标注语料字数有所限制。TreeTagger为免费软件。此处以梁茂成教授编写的TreeTagger软件为例，简述英文词性标注的操作方法，见图2.6。

图 2.6　TreeTagger词性标注软件

　　该版本 TreeTagger 词性标注软件界面设计较为直观。点击左上角 File 菜单，可以通过 Open Files 菜单项浏览打开一个或多个文本文件，还可以通过 Open Dir 菜单项一次性读取一个文件夹中的所有文本文件。后一种情况对于文件夹中文件数量非常多的情形更为有效。点击软件界面右上角的 Run Tagger 即可开始词性标注。所有文本标注完成后，左下角状态栏会显示 POS tagging complete（词性标注完成）。我们可以通过点击界面右上部框中的文件名，预览词性标注效果。从图 2.6 中可以看到，经过标注，生文本中的句子 Thank you very much. 变为 Thank_VV（实义动词原型）you_PP（人称代词）very_RB（副词）much_RB（副词）.SENT（句末标点）。标注后的所有文件自动存储到生文本所在目录下的 TAGGED 文件夹中。下文我们要介绍的 BFSU PowerConc 检索软件可以很好地支持经 TreeTagger 软件词性标注后的语料。TreeTagger 的词性代码信息可参看书后附录一。

词汇语义标注：话语研究经常涉及有关话语所言之事和话语建构相关的研究。经过词义类别标注（sense tagging）的语料可以在基于词形的语料库分析之外，对话语内容作更深入的研究。这里介绍的词汇语义标注工具为兰卡斯特大学开发的USAS online English tagger，其界面见图2.7。

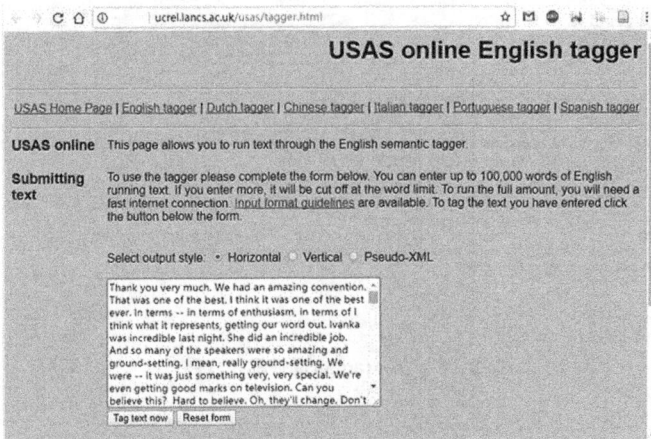

图2.7 USAS online English tagger词汇语义标注工具

我们需要将生文本复制粘贴到界面中的空白处，然后点击Tag text now即可。该软件一次最多可标注10万英文单词。经标注后，I really appreciate it. You talk about money.变为I_Z8mf（代词，男性或女性）really_A13.3（程度强化词）appreciate_E2+（喜好）it_Z8（代词）._PUNC（标点）You_Z8mf（代词，男性或女性）talk_Q2.1（交际类）about_Z5（语法词）money_I1（金钱类）._PUNC（标点）。所有文本标注好后，我们需要复制粘贴保存为文本文件，以备后续检索分析之用。例如，如果我们希望查询所有喜好类词语，则通过检索找到E2+类词汇即可。USAS语义标注的基本范畴可参看附录二。各语义代码的详细说明，可点击界面上的USAS Home Page查询。

为确保后续操作和分析的有效性，存储好的文本还需进行充分的整理和校对，比如英文文档中夹杂的汉字、非键盘字符、文本的字符编码（ANSI或是UTF-8）、重复文本（语料库中部分或完全相同的文本内容）等问题。

当语料库定稿后，建议保存生文本以及包含元信息、词性标注或其他语言学标注的不同版本，以适应不同的分析软件和研究目的。例如，若只针对词汇、短语进行统计，则用不含任何附加信息的生语料即可；若对词性或语法结构进行分析，可采用词性标注的语料库。包含元信息的版本可帮助我们对语料库内不同子类进行分解研究，或进行不同子类之间的对比研究。

2.3　基于通用语料库工具的话语研究方法

语料库的建成只是准备好了话语研究的基本语言素材，我们还需借助语料库分析工具对话语的结构、意义和社会属性进行量化分析。与语言教学研究中常见的统计分析不同，语料库研究中的量化统计主要是有关频数的统计，其中包括字词出现的频数，词语和词语之间共同出现的频数，词汇短语等在不同话语片段或不同文本中的分布频数以及基于这些数据开展的更高级的复杂统计等。

语料库研究中最基本的分析工具为"索引分析工具"（concordancer）。所谓"索引"（concordance）和"索引分析"（concordancing）在古典文献学和图书馆情报学领域早有应用（参见李文中 2017；许家金 2017a）。20世纪50年代末60年代初出现的"带语境的关键词"（Key Word In Context，缩写为KWIC）技术（Luhn 1960）被借用到语料库分析中，成为语料库研究的关键技术，并有所扩展。代表性的索引分析工具包括WordSmith Tools、AntConc等。它们的核心功能一般包括"词表""主题词表""索引分析"和"搭配分析"等。目前常见的网络语料平台也基本都能实现上述功能(许家金、吴良平2014)。

本书将以北京外国语大学语料库团队开发的BFSU PowerConc工具为例,介绍适用于话语研究的常见操作,BFSU PowerConc操作界面见图2.8。

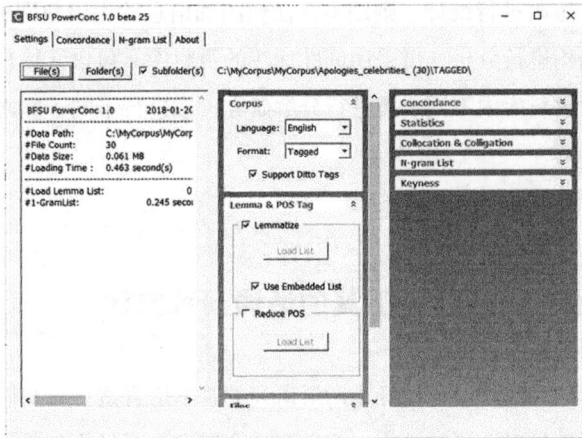

图 2.8　BFSU PowerConc软件初始界面及语料文本加载操作

2.3.1　词表

词表功能是指在并无明确检索目标的情况下,对语料库所作的穷尽式列举,并附上列出单词相应的频次,因此词表又称词频表。词表可帮助我们粗略了解话语内容或所言之事。

这里我们分析的示例语料是30篇明星道歉话语文本。打开BFSU PowerConc软件,进入主界面后,点击File(s)找到并选中相应的文本,然后就可以点击N-gram List生成词表,生成的词表见图2.9。

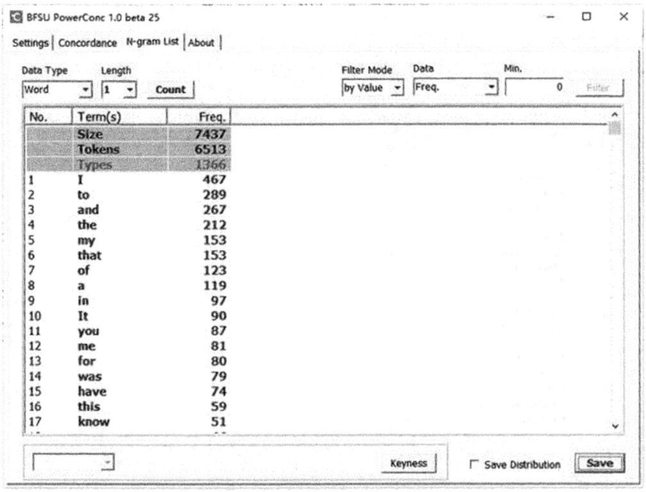

图 2.9 BFSU PowerConc软件单词词频表结果

　　索引分析软件可以轻松地生成单词词频表。结果中Tokens（词次）的数值为6,513，即该示例语料库的库容大小。结果中的Size则是包含标点符号和阿拉伯数字在内的所有字符的统计结果。虽然我们可以从最高频的第一人称单数代词I看出，相关的话语具有很强的个人视角，很有可能是偏口语体的语域类型，但据此所得到的单词表似乎对我们了解话语所言之事并无帮助。在这种情况下，在索引工具中可以基于相同的语料生成多词词表，即从单词逐步扩展到短语单位。短语的长度可以是2个单词、3个单词或是5个单词等等，这需要通过尝试才能逐步确定。在我们的测试中，在2词词表得到的结果中，很多短语单位意义不够完整，这里我们给出的示例结果是3词词表。操作方法是将界面上的Length值从1调整为3，点击Count即可，结果见图2.10。

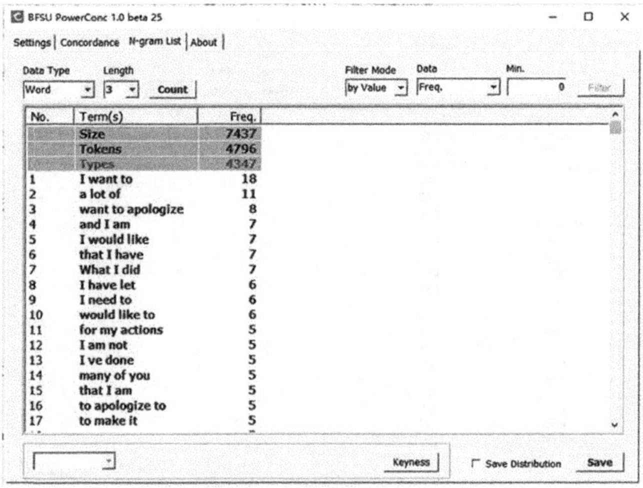

图 2.10　BFSU PowerConc软件3词词表结果

　　随着观察单位长度的扩展，我们已能从3词词表结果中看出一些端倪。比如，在我们的话语中，主导性的内容大多是某(些)人希望能够(I want to、I would like、I need to、would like to)对自己的所作所为(that I have、What I did、I ve done)表达歉意(want to apologize)。

　　这样从语料中抽取出的高频多词列表，在包括话语研究在内的各类型语料库研究中有着广泛应用。高频多词列表相关术语在语料库研究领域就有很多不同的说法，常见的包括"词块"(chunk)(Sinclair 1991)、"词丛"(cluster)(Scott & Tribble 2006)、"词束"(lexical bundle)(Biber *et al.* 2004)和"N-gram"(N元序列)(Shannon 1948)等。对语料库中提取出的多词列表，我们通常可以根据其形式构成进行分类。例如马广惠(2009)将得到的短语划分为：动词类、名词类、介词类、连接类、修饰类和并列结语类等。还可以根据功能，从话语研究角度进行分类讨论。如许家金、许宗瑞(2007)对中国学生英语口语中的多词短语作了四大类区分：认知传递(如肯定、否定自我或对方)，例如，I think、I don't know、 you can see that等；内容指向（如起承转合、引语手段），例如，first of all、by the way、and so on 等；语气调节（如模糊限制语、纯粹语气），例如，sort of、more or less、or something like that等；认知制约，例如，well I mean、how to say等。

就明星道歉话语这一案例中的3词短语而言，若要作更深入的话语研究，则必须获得更充分的语境信息，从而了解明星道歉的起因，道歉的对象以及明星致歉的方式，歉意表达是否真诚等等。在各索引工具中，通常都可以通过点击短语后面的频数信息，获得短语所在的句级语境，见图2.11。

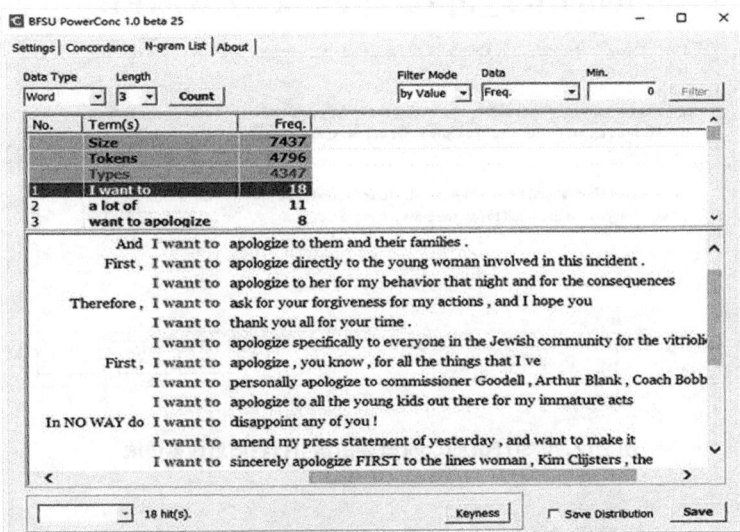

图 2.11　BFSU PowerConc软件由词表展开索引行语境

若点击索引行行首的文件名，如celebrities_apologies_21.TAGGED.txt，即可见到如图2.12所示的前后段落语境。从文件名上可以看出这篇道歉话语来自第21位明星；从元信息上可以了解到这篇致歉辞来自美国运动员 Michael Vick。他是美国职业橄榄球大联盟 NFL 亚特兰大猎鹰队四分卫，因允许以及参与他人在其住处斗狗（dogfighting）遭受指控，导致职业生涯出现严重危机，因此走到台前向球队管理人员和球迷致歉。Blaney *et al.*（2014：151）围绕这一明星致歉事件进行了深入的"运动员形象修复话语研究"（athlete's image restoration discourse analysis）。

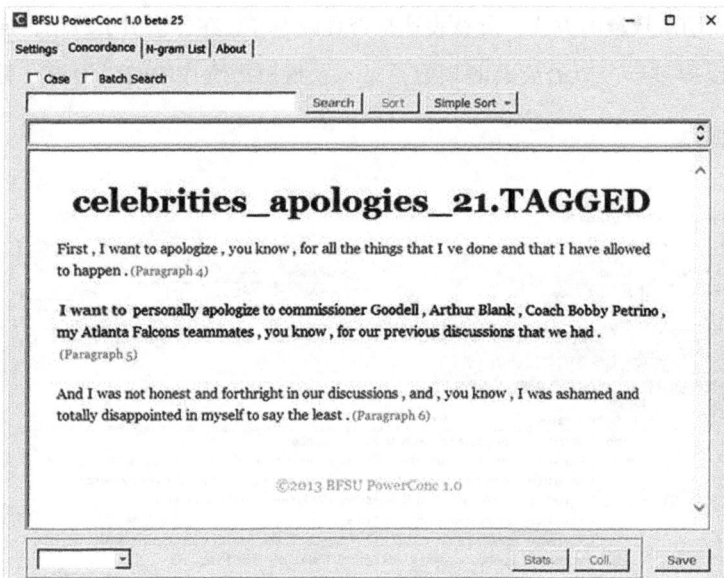

图 2.12　BFSU PowerConc 软件由索引行到前后段落语境

从上面对道歉声明话语的语料库分析中可以清晰地看出 Scott & Tribble（2006：9）所谓的语境范围（contextual scope）以及笔者所提出的"点—线—面语境扩展法"。利用索引分析工具，我们可以从单词入手，扩展到多词短语、语句、段落，乃至文化语境，从而获得对某一现象的充分解读。按上述操作方法，我们可以对道歉话语中的一个或多个高频词语或短语进行语境化分析，还可以对其中的高频动词进行及物性分析或对其中的所有情态动词进行语境化分析。这部分内容我们将在检索功能部分作详细介绍。

在研究设计上，我们可以就明星群体和单个明星的道歉策略进行探究，即对文体明星道歉话语的共性特征进行描述和总结；还可就某明星的道歉话语进行个案分析，或者按话题内容，从服用禁药、绯闻、违背社会公德、赛场非体育道德行为等分类讨论；此外，还可以通过进一步收集政治人物的道歉话语，对比文体明星与政治人物道歉的异同。道歉是这两个群体生活和职业生涯中的常见现象，也是他们危机公关的必修课。

以上我们从词表的创建入手，进而选择高频词汇及短语，逐步进行了有关道歉话语的语境化分析。那么，话语研究是否都是从词表中的最高频词，或最高频短语切入呢？如果最高频词汇是the等功能词怎么办？另外，我们需要选取一个高频词汇还是多个词汇？其中是否有方法论上的依据呢？这些问题都可以借助索引分析工具中的主题词功能加以回答。

2.3.2 主题词

在现有的语料库分析工具里，主题词一般对应的英文术语是keywords。在语言学领域较早关注这一现象的是Firth（1935：50）。他所用的表述为focal words（焦点词）及pivotal words（轴心词）。Firth的原文如下：

> Research into the detailed contextual distribution of sociologically important words, what one might call *focal* or *pivotal* words, is only just beginning. (Firth 1935：50)
>
> 译文：对于社会学意义上的重要词汇开展细致的语境分布研究才刚刚起步。人们或许可以把这些词汇称作"焦点词"或者"轴心词"。

Firth（1935：51）认为唯有通过对相关符号加以扩展，词汇意义才可以被人领会。他将这种扩展称为语境化。较早将这一理念应用于语料库研究的学者是Stubbs（1996：157）。譬如，他以discourse一词为例，发现在不同语境和学科中，discourse的含义并不相同；再比如他以cause一词的搭配行为说明，cause在语境中会吸引负面意义的词汇，使整个话语呈现出消极意味。

Williams（1976）在讨论主题词技术的语料库文献中也经常被提及。这本书题为《关键词：文化与社会语汇》（*Keywords: A Vocabulary of Culture and Society*），书中用三五页的篇幅对美学（aesthetics）、艺术（art）、文学（literature）、哲学（philosophy）、科学（science）这些核心文化关键词分别进行了考释。他的这一文化关键词的处理方式及其论述在学界产生了很大影响。不过，该论著讨论的抽象文化关键词与语料库分析中基于文本抽取出的主题词，在理念和方法上，并无太直接的关联。

综合来看，Stubbs（1996）和Williams（1976）在关键词的选取上，基本依靠直觉，因此主观性很强。从语料库操作方法来说，Stubbs（1996）通过检索discourse和cause这样的关键词，并进一步从索引行中观察搭配词的做法，实际上属于本书讲的索引分析。他所谓的关键词实际上是本书所说的"检索词"（search word或query word）。

目前语料库文献中所用的"主题词"这一术语，指的是通过全面对比所析出的A语料库与B语料库显著不同的词汇。有些词汇在A语料库中出现的频率显著高于其在B语料库中的频率，另一些词汇则在A语料库中显著低于其在B语料库中的出现频率。前者称为"正主题词"（positive keywords），后者称为"负主题词"（negative keywords）（Scott 1997：236）。这种在特定语料库中显著多用或少用的词汇可以有效揭示话语主题，因此在中文文献中译作"主题词"。将一定数量的主题词概括起来分析，不但可以得出对话语内容的总体认识，还可以对其背后的社会文化内涵有所揭示。

主题词的自动提取方法在WordSmith Tools 1.0版中就已实现（Scott 1997：235）。其原理是对我们打算考察的语料库（observed corpus，观察语料库）和与之进行对比的语料库（reference corpus，参照语料库），分别进行统计生成词频表。将两个词表中的所有词汇及其出现的频次一一比对，通过对数似然率检验（log likelihood ratio test）或卡方检验（chi-square test），筛选出两个语料库中出现频次存在显著差异的词汇。现有主题词计算方法中，默认的统计方法多为对数似然率。统计结果中若某个词汇的对数似然率值大于3.84，该词则可被视作是具有统计学意义的主题词。

在BFSU PowerConc软件中，获取主题词的做法是首先按图2.9的操作得到单词词频表，然后点击软件界面下方的Keyness（主题性）按钮。

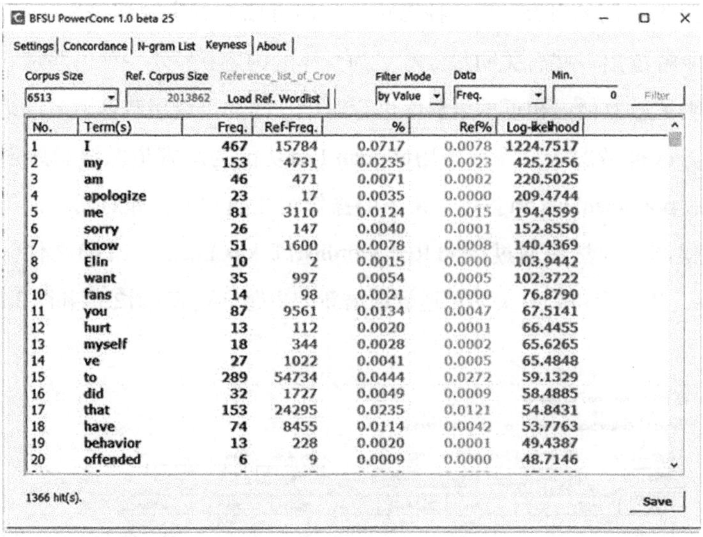

No.	Term(s)	Freq.	Ref-Freq.	%	Ref%	Log-likelihood
1	I	467	15784	0.0717	0.0078	1224.7517
2	my	153	4731	0.0235	0.0023	425.2256
3	am	46	471	0.0071	0.0002	220.5025
4	apologize	23	17	0.0035	0.0000	209.4744
5	me	81	3110	0.0124	0.0015	194.4599
6	sorry	26	147	0.0040	0.0001	152.8550
7	know	51	1600	0.0078	0.0008	140.4369
8	Elin	10	2	0.0015	0.0000	103.9442
9	want	35	997	0.0054	0.0005	102.3722
10	fans	14	98	0.0021	0.0000	76.8790
11	you	87	9561	0.0134	0.0047	67.5141
12	hurt	13	112	0.0020	0.0001	66.4455
13	myself	18	344	0.0028	0.0002	65.6265
14	ve	27	1022	0.0041	0.0005	65.4848
15	to	289	54734	0.0444	0.0272	59.1329
16	did	32	1727	0.0049	0.0009	58.4885
17	that	153	24295	0.0235	0.0121	54.8431
18	have	74	8455	0.0114	0.0042	53.7763
19	behavior	13	228	0.0020	0.0001	49.4387
20	offended	6	9	0.0009	0.0000	48.7146

图 2.13　BFSU PowerConc主题词结果界面（1）

这时点击软件界面上的Load Ref. Wordlist（加载参照词表），见图2.13。这里笔者选择的是软件中sys文件夹下的Crown和CLOB语料库的200万词词表，并以此作为参照词表。点击Count之后，软件将两个词表进行比对，计算出各个单词的对数似然率值，并按该值列出道歉话语语料库中的主题词。相关主题词按对数似然率值从高到低排序，如图2.13所示。其中排在前面的有I、my、am、me、you、myself这些与第一人称和第二人称代词相关的词汇。这首先反映该话语为具有较强互动性的口语体裁，而且不难看出，话语内容是以第一人称视角谈及自身情况为主。主题词列表中的其他词汇表明说话人就自己的所作所为（did、've、have、behavior）对相关人员（如fans）造成的伤害（hurt、offended）表示歉意和遗憾（apologize、sorry）。

在这个案例中，参照语料库选取的是通用语料库。换言之，笔者在这里回答的研究问题是道歉话语和通用话语的主题差别。诚然，这种差别似乎显而易见，或者说有些不言自明。在这种情况下，我们至少有两种方法继续深化我们的研究：第一种思路是我们可以顺着主题词表继续往下看，或许能解读出一些有关明星致歉更为具体的内容；另外一种思路是寻求一个跟明星道歉话语相近的语料库进行对比，比如可以用政客道歉话语进行对比。这种情况下，需要先用N-gram List功能为政客道歉语料库创建一个词表politician_list.txt备用。余下的操作跟此前相似，即对明星话语语料库创建词表，然后通过Load Ref. Wordlist调入politician_list.txt文件，点击Count，我们会得到有关明星道歉话语新的主题词列表（图2.14和图2.15）。

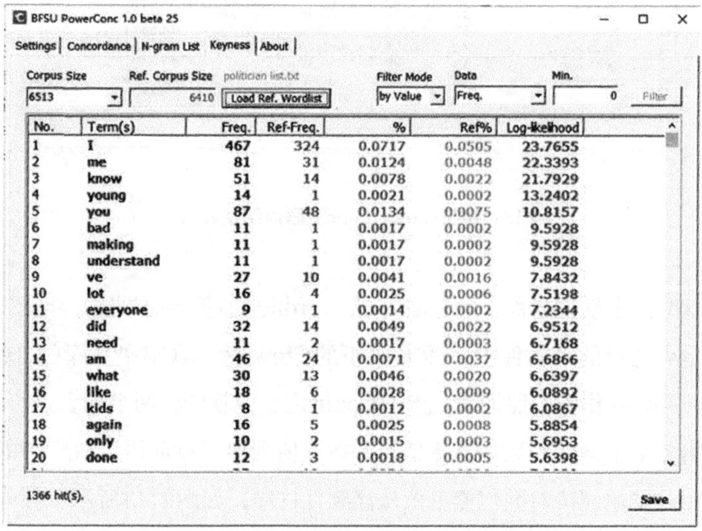

No.	Term(s)	Freq.	Ref-Freq.	%	Ref%	Log-likelihood
1	I	467	324	0.0717	0.0505	23.7655
2	me	81	31	0.0124	0.0048	22.3393
3	know	51	14	0.0078	0.0022	21.7929
4	young	14	1	0.0021	0.0002	13.2402
5	you	87	48	0.0134	0.0075	10.8157
6	bad	11	1	0.0017	0.0002	9.5928
7	making	11	1	0.0017	0.0002	9.5928
8	understand	11	1	0.0017	0.0002	9.5928
9	ve	27	10	0.0041	0.0016	7.8432
10	lot	16	4	0.0025	0.0006	7.5198
11	everyone	9	1	0.0014	0.0002	7.2344
12	did	32	14	0.0049	0.0022	6.9512
13	need	11	2	0.0017	0.0003	6.7168
14	am	46	24	0.0071	0.0037	6.6866
15	what	30	13	0.0046	0.0020	6.6397
16	like	18	6	0.0028	0.0009	6.0892
17	kids	8	1	0.0012	0.0002	6.0867
18	again	16	5	0.0025	0.0008	5.8854
19	only	10	2	0.0015	0.0003	5.6953
20	done	12	3	0.0018	0.0005	5.6398

图 2.14　BFSU PowerConc主题词结果界面（2）

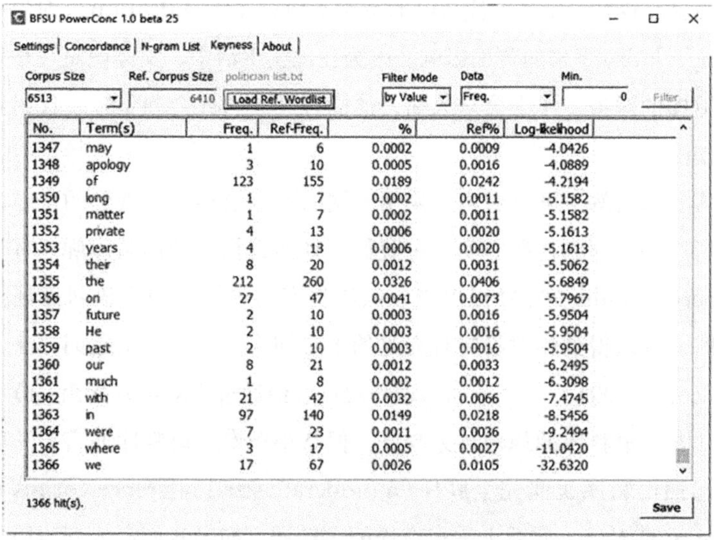

No.	Term(s)	Freq.	Ref-Freq.	%	Ref%	Log-likelihood
1347	may	1	6	0.0002	0.0009	-4.0426
1348	apology	3	10	0.0005	0.0016	-4.0889
1349	of	123	155	0.0189	0.0242	-4.2194
1350	long	1	7	0.0002	0.0011	-5.1582
1351	matter	1	7	0.0002	0.0011	-5.1582
1352	private	4	13	0.0006	0.0020	-5.1613
1353	years	4	13	0.0006	0.0020	-5.1613
1354	their	8	20	0.0012	0.0031	-5.5062
1355	the	212	260	0.0326	0.0406	-5.6849
1356	on	27	47	0.0041	0.0073	-5.7967
1357	future	2	10	0.0003	0.0016	-5.9504
1358	He	2	10	0.0003	0.0016	-5.9504
1359	past	2	10	0.0003	0.0016	-5.9504
1360	our	8	21	0.0012	0.0033	-6.2495
1361	much	1	8	0.0002	0.0012	-6.3098
1362	with	21	42	0.0032	0.0066	-7.4745
1363	in	97	140	0.0149	0.0218	-8.5456
1364	were	7	23	0.0011	0.0036	-9.2494
1365	where	3	17	0.0005	0.0027	-11.0420
1366	we	17	67	0.0026	0.0105	-32.6320

图 2.15　BFSU PowerConc主题词结果界面（3）

图2.14和图2.15同属一个主题词表，图2.14显示的是位于上端的正主题词，图2.15显示的是位于主题词表末端的负主题词。正负主题词两相比较，我们便可以看出明星和政客道歉的一些特点。总体而言，因为两个语料库内容接近，因此正负主题词的对数似然率值都不是特别高，显著主题词（对数似然率值大于3.84）的数量明显较少。图2.14中的主题词I、me、you、everyone、am，与政客道歉话语语料库相比，仍然突出表现了致歉者主要从个人视角出发，讲述个人过错，表达个人歉意的主题。这些都可以通过点击相关的词汇读取其上下文语境；反观政客，比较突出的主题词是we、were、our，这反映出政客往往以政府或其他机构负责人的身份致歉。即便是个人过错，也会强调其对所在团体的消极影响。由此可见，文体明星道歉更多是为了修复个人形象，而政客肩负着党派或行政团队的责任，需要维护其集团利益，必须通过道歉努力赢得民心。从上述主题词表中，我们还可以得出一些有趣的发现：与政客不

同，明星在致歉中十分关注自己的所作所为（bad、did、done）对年轻人（young、kids）带来的负面影响。因为在现实生活中，文体明星往往是年轻人追捧的对象。作为公众人物，他们有义务为社会和年轻一代树立良好的榜样。

从上面的例子可以看出，采用不同的参照语料库，得到的主题词表会有所区别。那么在研究实践中我们该如何选择参照语料库呢？有学者（Berber-Sardinha 2000）提出当参照语料库的规模为观察语料库规模的五倍时，可以得到相对稳定且充足的主题词汇。然而，主题词方法的开创者Scott（2009）并不完全同意这一观点。他通过反复试验指出：1）一般来说，参照语料库的规模越大越好，但就小型专题语料库而言，一般规模的参照语料库也能完全胜任（a moderate sized reference corpus may suffice）；2）对于一些看上去很奇怪的主题词，如果我们深入到语境中去考察，会发现它们仍然能很好地揭示话语的"所言之事"；3）采用不同性质的参照语料库，确实会得到不一样的主题词表。我们建议，选择参照语料库时，其规模最小不能小于观察语料库。根据研究问题或研究目的，可以选择相近主题、相近时间段的语料，以便对相关变量因素进行控制；也可以选择通用型语料库作为参照。

如上文所述，很多情况下单个词语很难揭示话题内容，而且有时主题词表中会出现令人费解的词汇。这时我们可以将单词适当扩充到短语，以获得相对更完整的意义单位。一般的索引工具也都支持"主题短语"提取。在文献中主题短语有key clusters、key chunks、key n-grams等英文表述。在本书中，为避免术语混淆，笔者以主题短语来表示有别于单个词语构成的主题词表。主题短语提取的操作步骤如下：

我们需要先准备好一个3词短语表，这里基于Crown、CLOB、FLOB这三个百万词级的语料库生成了一个3词短语表，命名为Reference list of Crown CLOB FLOB 3 grams.txt。再按图2.10的做法生成文体明星道歉话语语料库的3词短语表。然后点击页面下面的Keyness。进入主题词分析选项卡后，点击Load Ref. Wordlist，找到事先准备好的3词参照词表。点击Count后就可以生成明星道歉话语语料库的3词主题短语表。同理，我们也可以尝试生成2词、4词、5词主题短语表。

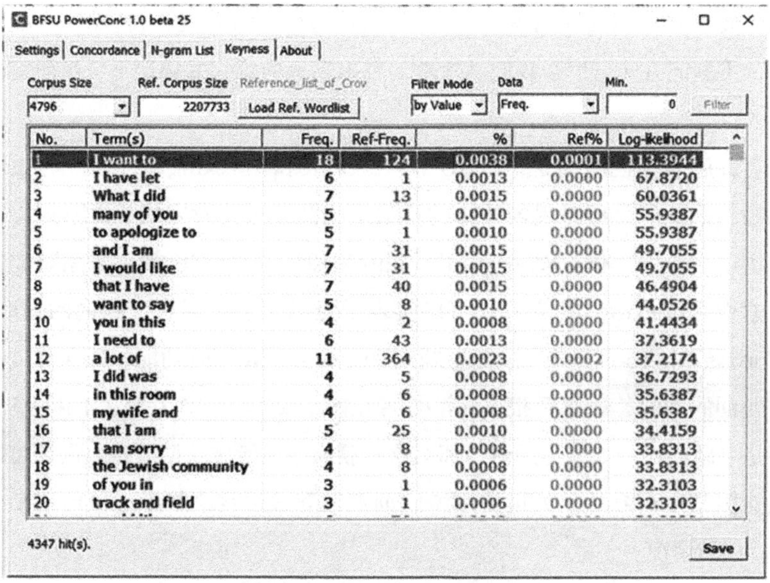

No.	Term(s)	Freq.	Ref-Freq.	%	Ref%	Log-likelihood
1	I want to	18	124	0.0038	0.0001	113.3944
2	I have let	6	1	0.0013	0.0000	67.8720
3	What I did	7	13	0.0015	0.0000	60.0361
4	many of you	5	1	0.0010	0.0000	55.9387
5	to apologize to	5	1	0.0010	0.0000	55.9387
6	and I am	7	31	0.0015	0.0000	49.7055
7	I would like	7	31	0.0015	0.0000	49.7055
8	that I have	7	40	0.0015	0.0000	46.4904
9	want to say	5	8	0.0010	0.0000	44.0526
10	you in this	4	2	0.0008	0.0000	41.4434
11	I need to	6	43	0.0013	0.0000	37.3619
12	a lot of	11	364	0.0023	0.0002	37.2174
13	I did was	4	5	0.0008	0.0000	36.7293
14	in this room	4	6	0.0008	0.0000	35.6387
15	my wife and	4	6	0.0008	0.0000	35.6387
16	that I am	5	25	0.0010	0.0000	34.4159
17	I am sorry	4	8	0.0008	0.0000	33.8313
18	the Jewish community	4	8	0.0008	0.0000	33.8313
19	of you in	3	1	0.0006	0.0000	32.3103
20	track and field	3	1	0.0006	0.0000	32.3103

图 2.16　BFSU PowerConc3词主题短语结果界面

从图2.16的结果中可以观察到很多意义更为完整的主题短语。除了像I am sorry这样表达歉意的短语外，还出现了过错行为的后果(让众人失望，I have let [somebody down])、道歉地点(in this room)、伤害的对象(the Jewish community)以及明星的供职行业(track and field)等。可见我们可以通过主题短语的方法获得意义更为完整的“所言之事”。

BFSU PowerConc还提供了针对CLAWS和TreeTagger词性赋码语料的主题性词性或词性串分析，其操作方法与主题词和主题短语相同。在此不再赘述。

综上所述，主题词方法是词表方法的扩展。只要准备好了两个语料库的词表或短语表，我们就可以系统地对比两个语料库。所得到的结果可以帮助我们提炼观察语料库的主题内容。虽然看上去其中的有些发现属于常识范畴，但也会有一些结论是我们事先并未预见的。在很多情况下，我们对将要考察的语料库内容并不一定十分清楚，特别是当语料库库容较大时，主题词方法可以帮我们高效地勾勒出话题内容，并确定下一步研究的切入点。

最后需要说明的是，BFSU PowerConc和AntConc软件在计算主题词时，采取的是即时现场计算的算法，因此很难有效完成几百万词以上的主题词提取工作。WordSmith Tools和Keywords Plus软件采用预先创建索引（indexing）的方式，可以实现千万乃至上亿词次主题词的提取。WordSmith Tools还有"关键主题词"（key keywords）功能，即在计算出主题词的同时，还要看相关词汇是否在多个文本（比如10个文本以上）中都是主题词汇。如果是的话，那么这些就属于关键主题词。这一设计可以消除因某个（些）文本大量使用特定词汇而导致观察语料库过量使用某个（些）词的情况。

词表和主题词方法的突出优点是其操作过程几乎没有人为主观因素，而其明显的缺点是所得的结果只是孤立的词汇，缺乏语境信息，所建构出的意义比较零碎，但这种情况可以通过索引分析和搭配分析加以补充。

2.3.3　索引分析

在话语研究中，如果已确定检索项，如某个（些）词汇、短语和语法结构，就可以采用索引分析功能。检索词的选择有时是由研究问题决定的，比如要考察英文媒体中的中国形象，那么检索China或Chinese即可，因为这两个词已足够具有概括性。但像"气候变化"这样的选题就未必能完全靠climate change这一短语来涵盖。在以下的案例中，我们收集到了特朗普在当选美国总统前的各次演讲和辩论文本。选用这部分语料，最初的研究设想是希望能够通过语料库的方法，对特朗普自我形象的建构有所发现。有趣的是，当我们基于该语料库（与通用语料库对比）生成主题词表后，发现特朗普演讲话语中排位第一的主题实词是Hillary，见图2.17。这一结果启发我们可以将此作为一个研究选题，即特朗普竞选演讲中的希拉里形象建构研究。

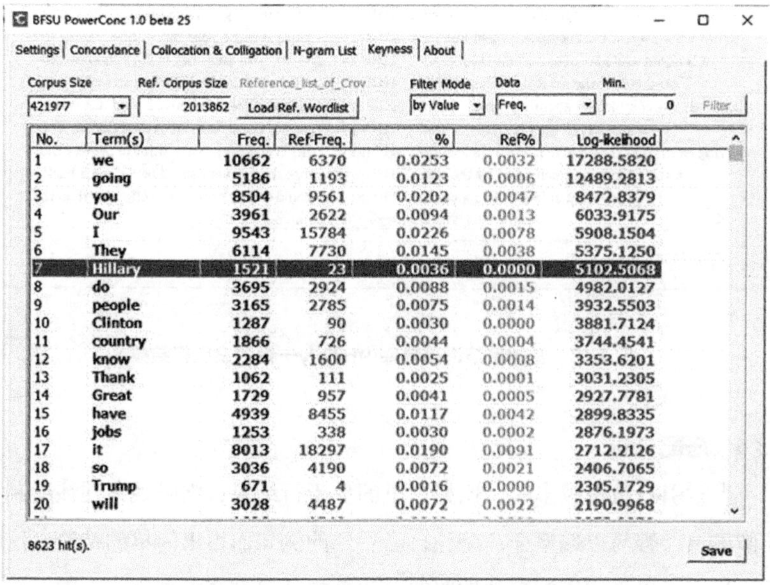

No.	Term(s)	Freq.	Ref-Freq.	%	Ref%	Log-likelihood
1	we	10662	6370	0.0253	0.0032	17288.5820
2	going	5186	1193	0.0123	0.0006	12489.2813
3	you	8504	9561	0.0202	0.0047	8472.8379
4	Our	3961	2622	0.0094	0.0013	6033.9175
5	I	9543	15784	0.0226	0.0078	5908.1504
6	They	6114	7730	0.0145	0.0038	5375.1250
7	Hillary	1521	23	0.0036	0.0000	5102.5068
8	do	3695	2924	0.0088	0.0015	4982.0127
9	people	3165	2785	0.0075	0.0014	3932.5503
10	Clinton	1287	90	0.0030	0.0000	3881.7124
11	country	1866	726	0.0044	0.0004	3744.4541
12	know	2284	1600	0.0054	0.0008	3353.6201
13	Thank	1062	111	0.0025	0.0001	3031.2305
14	Great	1729	957	0.0041	0.0005	2927.7781
15	have	4939	8455	0.0117	0.0042	2899.8335
16	jobs	1253	338	0.0030	0.0002	2876.1973
17	it	8013	18297	0.0190	0.0091	2712.2126
18	so	3036	4190	0.0072	0.0021	2406.7065
19	Trump	671	4	0.0016	0.0000	2305.1729
20	will	3028	4487	0.0072	0.0022	2190.9968

图 2.17　特朗普演讲语料库主题词表

于是，我们通过BFSU PowerConc的索引功能（Concordance）检索Hillary一词，得到1,521条索引行，并借助界面上的Simple Sort（简单排序）功能对Hillary前后的词语进行观察，发现在语境中，Clinton和逗号比较多见，见图2.18。Clinton是其姓氏自不必说。逗号的使用，往往反映的是当面的称呼语，反映出特朗普指名道姓、针锋相对的演讲策略。这种语境观察常常可以帮助我们发现一些规律性的特征。

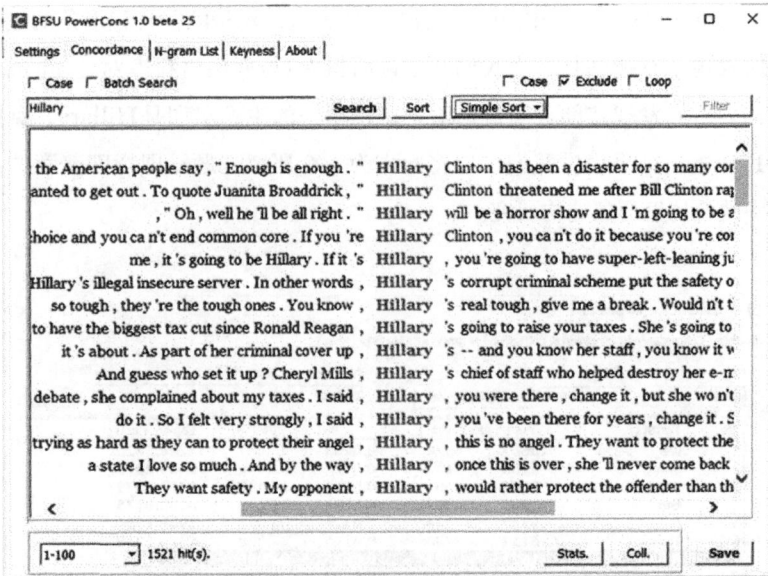

图 2.18　特朗普演讲语料库中Hillary一词的索引行结果

2.3.4　搭配分析

　　当索引行数量较多时，比如这里的上千行结果，肉眼观察往往受制于屏幕显示，容易以偏概全，单凭自己看到的例句而得出简单的结论。这时候，我们可以采用搭配自动抽取的办法来概括典型搭配词语。在索引行结果界面出现后，点击软件界面下方的Coll.(搭配和类联接) 按钮，就可以进入搭配分析界面。在这里我们将Hillary的搭配词出现的左右语境范围称为搭配"跨距"(Coll. Span)，将其设定为左4和右4，即计算搭配词时，将范围限定在Hillary一词左右各四个词的范围内。很多索引分析软件的默认跨距为左5词和右5词。具体跨距该设为多少，没有一定之规，需要研究者通过尝试确定最佳跨距。

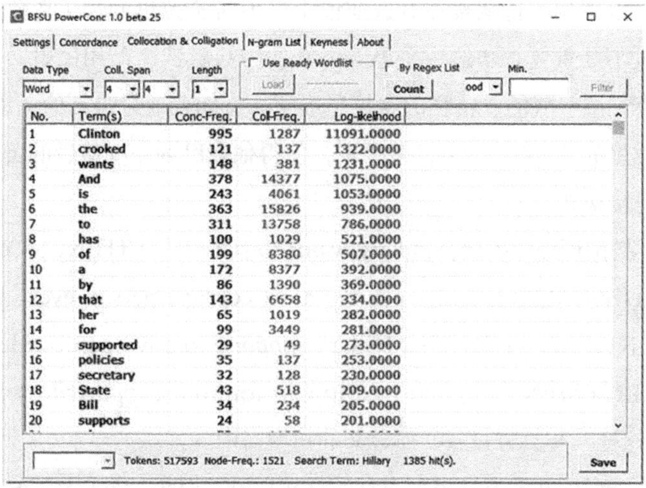

图 2.19　特朗普演讲语料库中Hillary一词的显著搭配词

如图2.19所示，搭配词列表中，Clinton跟Hillary出现最紧密，但这并不出乎意料。另外，特朗普在演讲中也会不时提及希拉里的先生前总统比尔·克林顿。crooked一词在搭配词排位中如此靠前，这对并不熟悉竞选过程的人来说，多少有些意外。在搭配词结果界面双击crooked一词，我们发现在83篇演讲中总共出现了121次crooked Hillary或者crooked Hillary Clinton。经查发现原来crooked Hillary（骗子希拉里）是特朗普在"邮件门"事件后给希拉里起的绰号，讽刺希拉里，说她完全不值得信赖。为了强化希拉里的负面形象，特朗普反复多次使用crooked Hillary这一绰号，使之成为一个超强的固定搭配。

从图2.19中的显著搭配词中，我们还可以看到secretary、State、Bill这些词语。这些词说明了希拉里的国务卿身份以及是前总统Bill Clinton的妻子这一身份。然而，如果细看上下文，特朗普引入国务卿（于公）和前第一夫人（于私）这两个身份，都是为了贬低这位竞争对手。

从wants、And、is、the、has、supported、supports等搭配词的索

引行中可以看到，特朗普在竞选演说中极力对希拉里的骗子形象进行刻画，通过不断重复，塑造一个愚弄大众、穷兵黩武、滥用民财、不顾民生、夫妻沆瀣一气的、糟糕的希拉里形象。特朗普通过自己的话语策略，加上希拉里的“邮件门”事件等因素，使得他在民调一度落后的美国总统大选中逆转获胜。

上述搭配词经常出现在Hillary *wants* to [DO BAD THINGS]、Hillary *is* a [BAD WOMAN]、Hillary *is the* most corrupt person ever、Hillary *has* [DONE BAD THINGS]、Hillary *supports* totally open borders、[A BAD AGREEMENT] signed by Bill Clinton and *supported* by Hillary Clinton这样一些具有强烈贬损含义的句型当中。

单个搭配词并不容易揭示完整的意义片段。BFSU PowerConc设计了“搭配短语”的功能，这是其他索引分析工具所不具备的。例如在图2.19的搭配词基础之上，我们可以调整Length为3，进而得到Hillary在语料中的显著搭配短语，如图2.20。

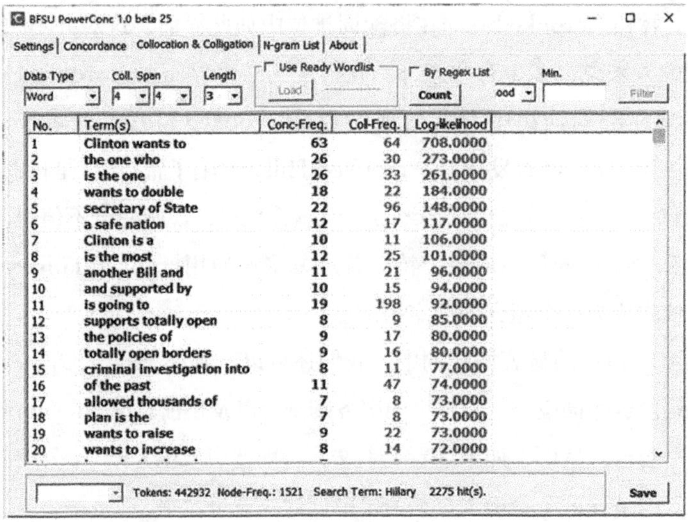

No.	Term(s)	Conc-Freq.	Coll-Freq.	Log-likelihood
1	Clinton wants to	63	64	708.0000
2	the one who	26	30	273.0000
3	is the one	26	33	261.0000
4	wants to double	18	22	184.0000
5	secretary of State	22	96	148.0000
6	a safe nation	12	17	117.0000
7	Clinton is a	10	11	106.0000
8	is the most	12	25	101.0000
9	another Bill and	11	21	96.0000
10	and supported by	10	15	94.0000
11	is going to	19	198	92.0000
12	supports totally open	8	9	85.0000
13	the policies of	9	17	80.0000
14	totally open borders	9	16	80.0000
15	criminal investigation into	8	11	77.0000
16	of the past	11	47	74.0000
17	allowed thousands of	7	8	73.0000
18	plan is the	7	8	73.0000
19	wants to raise	9	22	73.0000
20	wants to increase	8	14	72.0000

图 2.20　特朗普演讲语料库中Hillary一词的显著搭配短语

　　BFSU PowerConc搭配短语可以更完整地提示诸如Hillary *wants* to [DO BAD THINGS]一类结构中的具体行为，比如wants to double/raise/increase [民众负担]。进一步读取索引行，可以看出特朗普责难希拉里，指出：Hillary *wants to double* down on the Obamacare（加倍投入奥巴马倡导的医改），使人民不堪重负；Hillary Clinton *wants to raise* your taxes very significantly（大幅提高税赋）；Hillary *wants to increase* by 550 percent Syrian refugees pouring into our country（涌入我国的叙利亚难民增加了550％）。通过这些话语策略，特朗普试图引发人民对希拉里的反感和恐慌，从而达到贬低竞争对手的目的。按照同样的方法，我们也可以研究希拉里在竞选演讲中是如何建构特朗普的负面形象的。

　　在上述希拉里形象建构案例中，我们从主题词方法入手，确定以Hillary作为索引分析的检索词。之后，我们通过排序初步观察Hillary的上下文语境，进而运用搭配词和搭配短语，并结合索引行信息，描绘了特朗普口中的希拉里形象。

　　在有关社会属性的话语建构研究中，受兰卡斯特大学语料库研究传统影响的学者往往倾向于从主题词出发，完全基于主题词或者在主题词分析之后再辅以搭配分析（Baker 2005；McEnery 2009）；受伯明翰大学语料库研究传统影响的学者更多采用索引分析加词语搭配的分析方法（Stubbs 1994；Teubert 2010）。从我们的介绍可以看出，两者都可以有效揭示话语现象。

　　有关词语搭配的深入考察，还有两方面的进展值得在此作一介绍。一是词语搭配的可视化呈现；二是搭配词语的自动语法分类。它们也可以作为开展话语研究的有效方法。

　　图2.21中呈现的是Hillary一词的搭配网络效果图。这一理念在Phillips（1983）中已有相关讨论和应用，在Baker（2005：31；2006：116-117）、McEnery（2006：18）中则有更为系统的论述和实践。在Baker（2005，2006）中，他还提出可以进一步延伸挖掘"二级搭配"（second-order collocates）。直到GraphColl软件（Brezina *et al.* 2015）出现之前，搭配网络图都是手动完成的。GraphColl不但实现了自动将线性搭配词表转换成可视化的搭配网络图，还可以将高频搭配词的二级搭配予以呈现。图2.21中，我们以wants为节点词，构建出二级搭配网络，并传达出了She wants to increase [by] 550 percent/double...的含义。

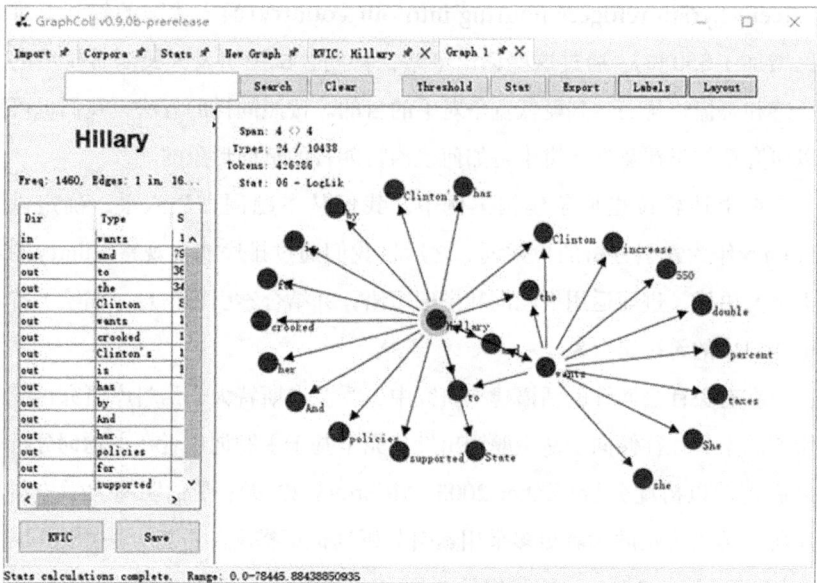

图2.21　GraphColl 软件呈现的Hillary两级搭配网络效果图

　　Sketch Engine语料库平台可将搭配词按词性和语法关系自动分类。有些语法关系可以反映事件的及物性（如verbs with "Hillary" as subject/object）、性质（modifiers of "Hillary"以及nouns and verbs modified by "Hillary"）。另外，还有图2.22中未能显示的"占有关系"（possession）和"占有者"（possessor）搭配分类标准，都可以帮助我们揭示检索项的所属和权力关系。

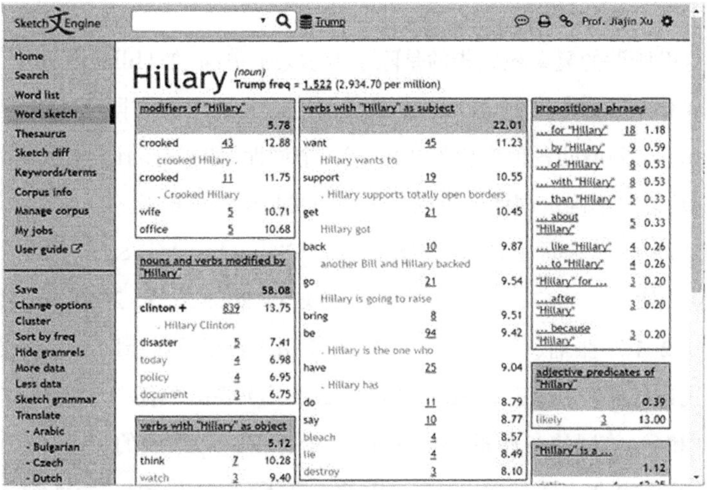

图 2.22　Sketch Engine按语法关系归并搭配词

通过上述方法得到的分析结果将成为话语研究的量化基础，通常后续还需结合批判话语研究理论及社会文化语境等，对有关选题作深入探讨。若没有现成的理论框架，也可基于数据分析自行提炼出具有一定理论概括力的认识。

除了上面介绍的词表、主题词、索引与搭配这些方法可用于话语建构研究之外，索引分析工具还经常用于话语的语义维度研究，包括话语意义和语域变异相关的研究。

2.3.5　索引分析扩展

以下对索引分析中可用于话语研究的部分扩展功能作一介绍。在第一章的理论概述中我们提到，语料库话语研究的特色是围绕词汇短语了解话语结构和话语意义。除了上面我们展示的话语建构研究外，话语组织和话语评价意义研究中的语料库应用也相当广泛，其中尤以英语学术话语研究方面的成果最为突出。

2.3.5.1 复杂检索

这里所谓的复杂检索指的是除了检索某个单词(如 Hillary)或短语(如 I want to)等具体形式外,还可以检索同一个词语的不同屈折变化形式(如 be 动词或 do 的各种变化形式)、某一个词性(如所有动词或所有情态动词)以及某些不确定词性的单词。例如,文献中经常提及的评价性结构 "it + be 动词 + 形容词 + that"(Bednarek 2007;Hunston & Sinclair 2000;Hunston & Su 2017;Hyland & Tse 2005a,2005b;Su 2017;张继东、席龙井 2016;张磊、卫乃兴 2017)。在索引工具里可以借助通配符或正则表达式进行检索。BFSU PowerConc 设计了主要由 *(任一单词)、#(某一词性)和 @(单词的各屈折变化形式)三个保留符号组成的 R-gram 检索方式(详见许家金、贾云龙 2013)。因此,在下面的例子中,用 it @be #adj that 即可检索出上面所说的评价性结构。在操作开始前需要在 Settings(设置)界面上勾选 Reduce POS(归并词性类别,即将 CLAWS 和 TreeTagger 中数十或上百种词性归并成教学语法中常用的八大词性),并点击 Load List(加载词性映射表)找到 BFSU PowerConc 软件目录下 sys 文件夹中的 Reduce_POS_TreeTagger.txt 配置文件即可,见图 2.23。

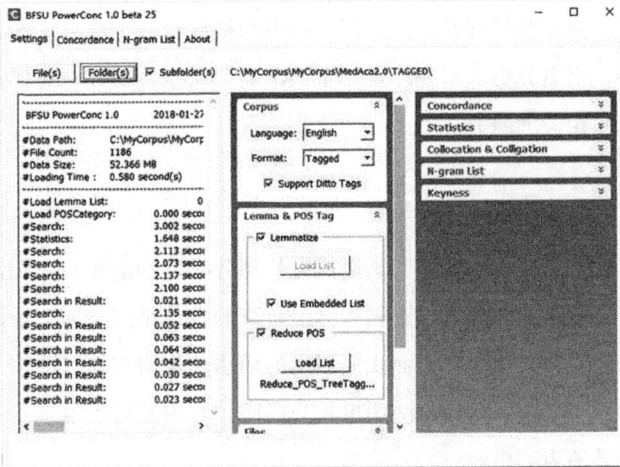

图 2.23　BFSU PowerConc 软件词性归并设置

在BFSU PowerConc中用R-gram检索表达式，可以较为便捷地提取出文献中所讨论的评价型that结构。点击结果页面下方的Stats按钮，还可以汇总统计结果。为了便于我们进行学科变异或语域变异研究，在统计结果汇总页面，我们设置了Distribution（分布信息）功能。其操作是在如图2.23的Settings设置界面向下拖动滚动条，找到Group Files by Regex，找到事先为本案例编制好的临床医学18个二级学科分类映射表。然后在Statistics页面勾选Distribution复选框，再点击Table即可得到如图2.24这样含有分布信息的统计结果。分布信息的获取和呈现要求语料库文本遵循前文提到的文件名命名建议进行命名，另外还需要编写文件名归类对应表。

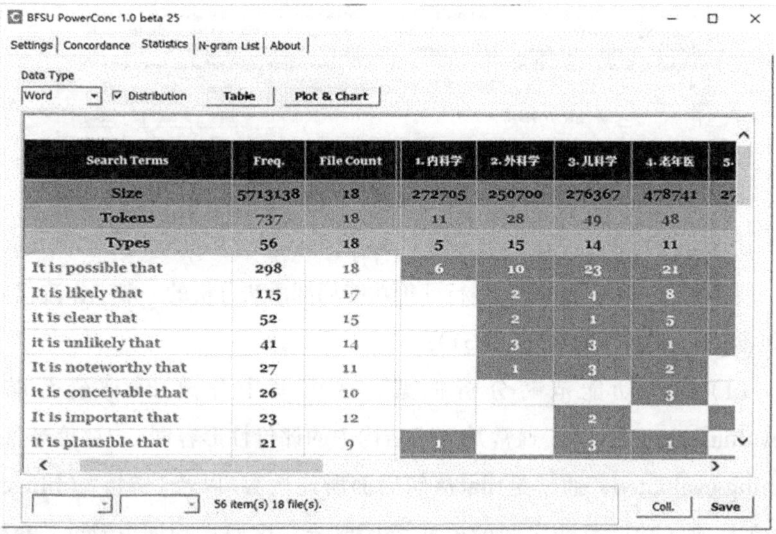

Search Terms	Freq.	File Count	1.内科学	2.外科学	3.儿科学	4.老年医	5.
Size	5713138	18	272705	250700	276367	478741	27
Tokens	737	18	11	28	49	48	
Types	56	18	5	15	14	11	
It is possible that	298	18	6	10	23	21	
It is likely that	115	17	2	4	8		
it is clear that	52	15	2	1	5		
it is unlikely that	41	14	3	3	1		
It is noteworthy that	27	11	1	3	2		
it is conceivable that	26	10			3		
It is important that	23	12		2			
it is plausible that	21	9	1	3	1		

图2.24　含分布信息的评价型that结构统计数据

得到上述统计数据只是话语研究的第一步。统计结果有助于了解某种语言现象的概率性分布趋势。就话语研究而言，则必须回到上下文，对话语的意义建构有所解读。在这种情况下，可以利用图2.24、图

2.25等结果界面右下方的Save(保存)按钮，导出包含相应评价结构的索引行。基于索引行例句，研究考察的话语评价功能是一种相对局部的话语功能，而这种功能又与"it + be动词 + 形容词 + that"这一结构互为表里。

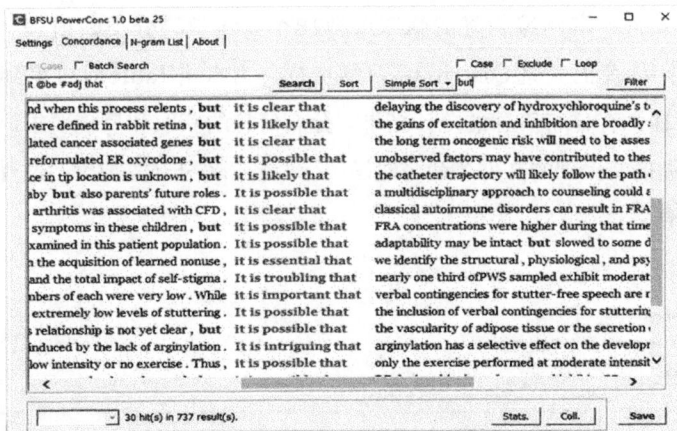

图 2.25 "it + be动词 + 形容词 + that" 评价结构检索结果

基于保存下来的索引行进行评价功能局部语法分析的一般工作流程如下(参见苏杭、卫乃兴 2017: 31):

(1)确定功能范畴分析框架。从语境中分离出"评价范畴"(evaluative category，通常是上述结构中的评价性形容词)、"评价对象"(thing evaluated，通常是that从句后面所述内容)以及"链接"(hinge，通常是前述功能范畴之间的语法链接成分，比如系动词以及as...as和than这样的比较结构等)。

(2)确定评价范畴语义维度细分方案。在本案例中有"可能性"(如possible、likely、unlikely、conceivable)、"确定性"(如clear)、"重要性"(如noteworthy、important)以及"合理性"(如plausible)等。

（3）确定评价对象语义维度细分方案。例如，研究行为、研究实体、研究命题、实体物质和事件行为等。

（4）功能范畴、语义属性与词汇语法构型整合分析。按照上面介绍的思路，对评价局部语法粗略分析如表2.5所示。根据研究需要，还可细分出评价客体、言行、范围、受事等。

表 2.5　局部语法分析框架范例

	链接	评价范畴（可能性）	链接	评价对象（研究命题）
It	系动词	形容词	that	小句
It	is	possible	that	unobserved factors may have contributed to these changes.

（5）按步骤（4）对语料库中的此类结构作穷尽式（或随机取样）分析，并作数据汇总，从而形成有关该类文体的整体认识。

在实际研究中，有关评价结构可以进一步扩展到"it/there/名词短语/特殊疑问词 + 联系动词 + 形容词/过去分词 + that"或"it/there/名词短语/特殊疑问词 + 联系动词 + 形容词/过去分词 + to do"。其中的名词短语有可能是有灵的，也可能是无灵的，可能是抽象的，也可能是具体有形的。该构型中的每个成分都有可能变得复杂而丰富，并且随着各成分的变化还会产生新的功能和整个构型的意义移变（meaning shift）（高歌、卫乃兴 2017）。比如，上面结构中的名词短语可能会是the underlying assumption、a truly overwhelming number of high quality and inevitably needed submissions。此外在评价结构的前后语境中，可能有标示话语组织的语言标记（如but），见图2.25。BFSU PowerConc索引行结果中的Filter（筛选）功能可以帮助我们发现可能具有更丰富话语组织功能的评价结构。

另外，在很多评价结构内部还会存在标示话语组织或逻辑关系的词语。如 It is <u>therefore entirely</u> appropriate that、it is <u>no longer</u> acceptable that等。

另外，话语中存在广泛而丰富的局部功能，例如学术话语中提示研究目的的功能、阐述研究背景的功能；再如日常交际中的各种言语行为等等。可见，局部语法分析方法在话语功能研究中具有广泛的适用性。话语功能的丰富性在给我们提供大量选题的同时，也存在功能划分不确定和过于微观等不足。

在研究设计上，常见针对某一局部功能进行不同学科、中外学者、不同语域、大报小报之间的对比分析。这有助于从体裁和语言习得方面提升研究选题的意义和视野。

2.3.5.2 批量检索

上文通过对"it + be动词 + 形容词 + that"评价结构的局部语法的分析，介绍了索引分析工具的复杂检索操作和分布信息的获取。接下来将针对话语研究的实际需求，介绍索引工具的批量检索功能。这里以概指名词结构为例。如前文所述，概指名词的近义术语不一而足，不同学者也多论证各自命名的合理性。综合来看，不论其采用哪一术语，概指名词的核心含义主要包括两个方面：1）语义相对概括或宽泛，需借助上下文语境方可确定，某种意义上此类名词具有一定程度的语法化属性；2）具有回指（anaphoric）和下指（cataphoric）的话语功能。

在批量检索操作中，我们可以将Schmid（2000：443-452）中所列的668个以及Jiang & Hyland（2016：24）中所列的166个概指名词存储在一个文本文件中，每个名词写入一行。然后在BFSU PowerConc的索引功能（Concordance）界面勾选Batch Search（批量检索），并通过Load List（加载列表）找到事先准备好的概指名词文本文件。本案例采用的是Jiang & Hyland（2016）中的166个概指名词（见附录三）。因为要确保这些词都是名词用法，所以研究限定了每个词的词性，如act_N\S*。这里只考察各名词的单数或原形形式，若需要研究各名词的复数形式，可自行添加到名词列表文本文件中。

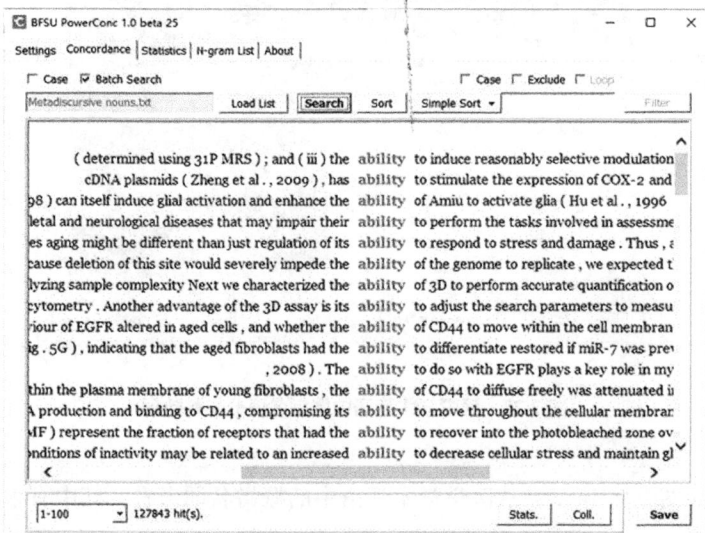

图 2.26　BFSU PowerConc批量检索设置及结果

从图2.26基于500万词医学学术话语语料库的统计结果来看，166个概指名词中有161个在医学学术话语中都有使用，总共使用127,843次，可见概指名词在学术话语中相当常见。从图中初步可以看出，概指名词后面会出现不同的搭配形式。通过搭配分析发现，概指名词右1位置常见的搭配词有of、that、between等。左1位置典型搭配词有the、this、our等限定词。可见，概指名词的典型短语构型之一是"限定词 + 概指名词 + of/that从句"。当然，这些例句中的名词是否都属于要研究的概指名词，还取决于对概指名词的界定。严格意义上，在确定采用某一概指名词界定后，还需对所得到的索引行加以人工筛查。

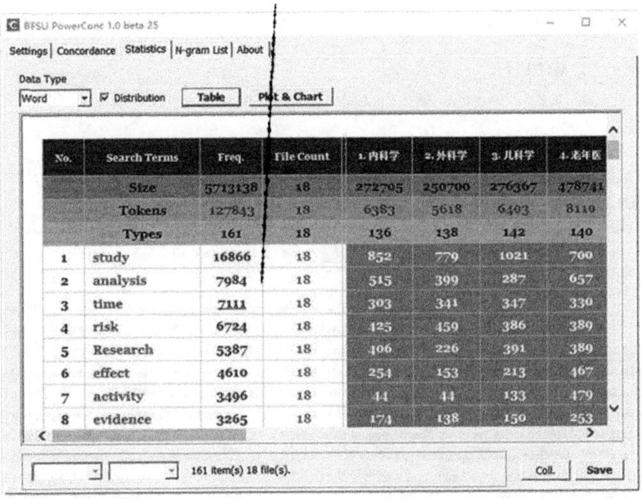

No.	Search Terms	Freq.	File Count	1.内科学	2.外科学	3.儿科学	4.老年医
	Size	5713138	18	272705	250700	276367	478741
	Tokens	127843	18	6383	5618	6403	8110
	Types	161	18	136	138	142	140
1	study	16866	18	852	779	1021	700
2	analysis	7984	18	515	399	287	657
3	time	7111	18	303	341	347	330
4	risk	6724	18	425	459	386	389
5	Research	5387	18	406	226	391	389
6	effect	4610	18	254	153	213	467
7	activity	3496	18	44	44	133	479
8	evidence	3265	18	174	138	150	253

图 2.27　医学学术话语中概指名词分学科数据

如图2.27所示，从医学学术话语中的概指名词来看，其中有很多这18个医学二级学科都较常用的概指名词。除了study、analysis、time、research等这些在通用学术文献中都比较常用的词之外，risk和effect似乎是医学文献中比较突出的概指名词，因而值得深入研究。通过进一步分析risk前后的搭配行为，可以得到increased/major/strong/main risk of cancer/injury/disease这样的典型结构。对于检索得到的索引行，通常的话语研究步骤如下：1）分析相关概指名词的话语组织效果，例如是回指还是下指；2）话语功能分类讨论，例如将概指名词分为“本质”“特征”“关系”等类别(参见Jiang & Hyland 2016；姜峰 2015a，2015b)，或者如Mahlberg(2005：107-111）所概括的“引导”（the introducing function)、“塑造”（the characterising function)、“接续”（the continuity function)、“支撑”（the support function）等；3）按Swales(1990）的体裁分析思路，深入讨论在学术论文的不同语步(摘要、引言、综述、方法、讨论、结论)中的概指名词回指和下指的分布以及各语步中概指名词出现在不同话语功能中的情况；4）对比中外学者、不同学科、学习者与专业研究人员之间的概指名词回指行为和话语功能的异同。

在学术话语研究中，除了概指名词之外，其他比较常见的研究选题还包括报道动词和主要由报道动词组成的"功能句干"（Thompson & Ye 1991；李晶洁、卫乃兴 2013）。

索引工具的批量检索功能适用于同一类型的若干词汇，例如上文所介绍的概指名词或者由单词和短语组成的起承转合连接手段。同时检索项也可以是若干结构，例如"概指名词 + that从句"等等。我们将批量检索同分布信息加以结合，可以有效提升数据提取和分析的效率。

以上我们通过词表、主题词、索引分析、搭配分析以及索引分析的一些扩展功能，概要式地介绍了如何利用通用语料库分析功帮助我们开展话语研究。除了书中所用的BFSU PowerConc工具外，上述功能在WordSmith Tools和AntConc等软件中也大体都能实现，只是BFSU PowerConc在多词、多元组合（包括词组和词码组合等）、分布信息、对词性赋码语料的支持和R-gram复杂检索语法方面有所优化。

2.3.6　基于手工标注的话语研究方法

语料库研究方法的典型特征之一是对有显性形式标记的语言符号进行频率统计，从而得到相关语言特征的概率和趋势特征。这里所谓的形式标记包括单词、短语、（经过标注并代码化的）词性、词义等。然而，话语研究在很大程度上是对功能和意义的分析。前文已经展示的很多手段，特别是基于索引分析工具的分析方法，可以考察部分话语意义及其社会属性，但很多话语功能研究仍然只能依靠研究者的定性分析。这一节我们将介绍的是基于手工标注的话语功能分析。此处的话语功能涉及广泛，可以是局部语法评价范畴中的可能性、确定性、重要性、合理性（苏杭、卫乃兴 2017），外壳名词的本质、特征、关系（姜峰 2015b），互动话语词块研究中的认知传递、内容指向、语气调节、认知制约（许家金、许宗瑞 2007）

或者其他类型的话语功能范畴。这些都需要研究者根据话语文本，采用自己或前人的某一概念体系或理论框架加以识别、归类、讨论。类似的工作在索引分析中的语义倾向识别以及词表、主题词表、搭配词的讨论中也会经常碰到。因此对话语功能的分类讨论是话语研究中的常见步骤。其操作一般都是研究者在文本中判定某一话语功能后，在文中相应位置插入代表该功能的代码。这一操作可以在文本编辑器 MS Word 和 Excel 中进行，也可以在 ATLAS.ti、brat、NVivo、MAXQDA、MMAX、UAM Corpus Tool 等软件中进行。这里介绍的是北京外国语大学语料库团队开发的 BFSU Qualitative Coder。相比同类工具，该软件相对简便易用。本节以中国英语学习者的立场表达研究为例。

　　根据对前人文献的综述，研究选择了 Biber *et al.*（1999：972-975）的立场分析框架，即知识、义务、态度三类立场，并包含其八项子类。另外，研究补充了文本立场标记这一类。在实际操作中，我们需要给每个立场类别编制一个代码。代码命名以简短明晰为宜，如表 2.6 所示。

表 2.6　Biber *et al.*（1999）的立场分析框架（修改版）及代码

大类	子类	代码
知识	确定	EPI-CER
	言据	EPI-EVI
	可能	EPI-LIK
义务	必要	DEO-NEC
	能愿	DEO-PER
	因果	DEO-CAU
态度	情感	ATT-AFF
	评价	ATT-EVA
文本		TEXT

在开始标注前，我们需要在记事本或其他文本编辑器中将相应的标注类别按如下格式录入：

[EPI-CER]
abbr=确定
begin=<EPI-CER>
end=</EPI-CER>

其他八个立场类别也按同样的格式录入该文档。九个类别的标注代码按上述四行的格式录入同一个文件后，另存为stance.ini即可。我们将这个ini文件称为Code List，即标注用代码列表，也就是我们的分析框架。

接下来我们打开BFSU Qualitative Coder软件，通过Open File找到语料文本，然后点击Code List按钮找到此前准备好的stance.ini文件。界面上即会出现确定、言据、可能、必要、能愿、因果、情感、评价、文本九个按钮。我们通过阅读话语内容，判断哪些文字属于某个立场类别，用鼠标在原文中选中该文字，再从九个类别中点击相应的类别按钮，此处的标注即算完成。我们需要通读全文，在经过逐个人工判断后添加相应的类别代码，从而完成标注工作。标注结果如图2.28所示。

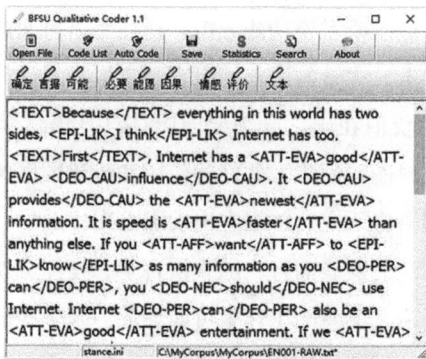

图2.28　BFSU Qualitative Coder机助话语立场标注

对于图2.28中所标注的立场类别情况，我们可以通过点击界面上方的Statistics按钮获得所标注文本中立场标记的分布情况，如图2.29所示。

Item(s): 9 Hit(s): 7

No	Name	Tag Set	Freq.	Count	Tagged Text(s)
1	EPI-CER	<EPI-CER>...</EPI-CER>	0	0	
2	EPI-EVI	<EPI-EVI>...</EPI-EVI>	0	0	
3	EPI-LIK	<EPI-LIK>...</EPI-LIK>	2	2	know (1) I think (1)
4	DEO-NEC	<DEO-NEC>...</DEO-NEC>	1	1	should (1)
5	DEO-PER	<DEO-PER>...</DEO-PER>	1	2	can (2)
6	DEO-CAU	<DEO-CAU>...</DEO-CAU>	2	2	provides (1) influence (1)
7	ATT-AFF	<ATT-AFF>...	1	1	want (1)

图 2.29　BFSU Qualitative Coder立场标注分布情况

对于大量标注过的文本，可采用PowerGREP、AntConc等工具进行批量统计分析。机助手工标注可使我们的标注过程更加规范化，但其本质还是定性分析。我们通过这一过程将隐含的话语功能形式化，将其转变为统一的代码，从而便于对潜藏在文本之下的功能范畴进行量化分析。手工标注虽然耗时费力，但有时比纯粹自动统计出的词语句型频率数据要更具语言学价值。手工标注或者说功能分析，往往是语料库话语分析中的必要部分。在这个意义上，完整的语料库研究是定量和定性分析合一的研究取向。语料库研究的价值在于它必须要回应(应用)语言学的一些核心理论问题，而不只是语料库的创建、软件的使用和统计数据的展示。相反，所有这些都应回归到语言研究这一根本出发点上来。

就机助手工标注的发展而言，随着语言学和计算机技术的进步，今天手工标注的功能、语义范畴的工作很可能会成为未来功能标注自动化的基础。就像前面介绍的词性标注和词汇语义标注等，起初都需要人工进行大量标注，作为模型构建或是机器学习的基础数据。

上述讨论的手工标注和索引分析等都属于语料库通用分析方法，这里只是介绍了它们在话语研究中的运用方法。下节我们将讨论专为话语研究开发的一些工具。总体来说，相对于词汇语法研究工具，话语研究工具数量极为有限。这里集中探讨一些较有影响和特色的工具和方法。

2.4 基于专用语料库工具的话语研究方法

在语料库话语研究的专用工具开发方面，研究人员将比较多的精力放在话语的结构特征上，包括话语的衔接、体裁特征、语域特征等。这正好弥补了通用型索引工具在此方面的不足。

2.4.1 衔接分析方法

专注于衔接测量和分析的工具主要有两款，即Coh-Metrix和TAACO，其操作界面见图2.30和图2.31。本质上这两款软件在衔接测量方面的算法原理基本相同。Coh-Metrix在2003年前后设计完成（Graesser *et al.* 2003；Graesser *et al.* 2004）。该软件设计之初的主要目的在于解决衔接与连贯问题。然而，随着Coh-Metrix软件的版本升级，最新的3.0版本，包括20多项衔接连贯指标在内，一共可以分析106项语言特征，涵盖词长、句长、词次、词种、型次比、句法复杂度、可读性指标等（详见附录四）。然而，Coh-Metrix在实际应用中更多被用于文本难易度测量，衔接连贯分析功能反倒没有得到充分利用。该软件在计算衔接连贯程度时，考虑了各种类型的连接词语、前后句以及前后段落之间语言成分的重叠情况等。在计算话语成分之间的重复时，不仅考虑到了相同词形的前后照应，还计算了话语成分间单词词干重合度和基于WordNet词汇知识库和LSA潜在语义分析算法下动词等实词的重合情况。虽然这些从自然语言处理的算法角度有一定技术门槛，但对用户来说，Coh-Metrix

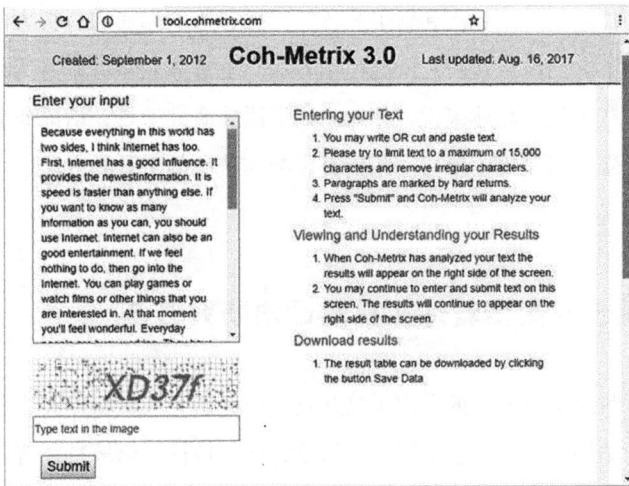

图 2.30　Coh-Metrix 3.0版软件界面

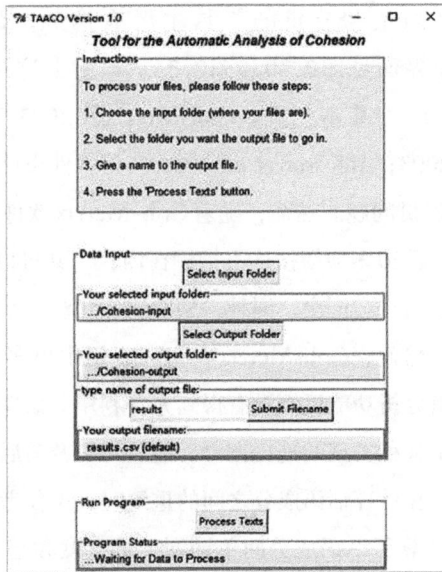

图 2.31　TAACO衔接自动分析工具

的操作和数据提取十分简便。只需将要分析的文本粘贴到http://tool.cohmetrix.com网站的文本框中，提交后即可得到106项分析数据。研究者对照各项指标的说明文档，找出衔接连贯的相关特征即可。

虽然操作简单，但Coh-Metrix软件也存在一些突出的问题。由于该软件是在线工具，且无法批量处理文本。所有文本数据只能通过复制粘贴的方式载入，并且有15,000字符(约3,000英文单词)的文本长度限制，并且在线工具常常由于服务器不稳定导致不能正常处理语料。这些问题严重影响了研究语料的规模。现有研究多数都是对小规模的中国英语学习者或翻译文本库进行的研究，研究结论普适性受到很大影响。在这一背景下，Kristopher Kyle开发了TAACO(Tool for the Automatic Analysis of Cohesion)单机版软件(Crossley et al. 2016)。该软件可以读取本地语料库，批量对文本进行衔接连贯测量和分析。TAACO的安装过程稍显复杂，需要配置Python运行环境，安装NLTK自然语言处理工具包、Treebank词性标注工具、WordNet资源等。这些都安装配置完成后，需创建一个Input文件夹，一个Output文件夹。前者用于存放待分析的语料文本，后者用于存储分析结果，然后返回主界面点击Process Texts即可。

TAACO的分析结果自动存为*.cvs格式，可直接用于Excel、SPSS或R软件进行进一步统计分析。TAACO有关衔接的统计数据跟Coh-Metrix基本是等效的，完全可以作为Coh-Metrix软件的替代品。然而，必须要指出的是，TAACO和Coh-Metrix提供的衔接分析数据有一个明显缺陷，即它们提供的仅仅是衔接程度的统计数值，而无法提供给我们任何关于文本本身衔接连贯情况的语言事实。刘国兵(2013)在一定程度上实现了衔接特征在文本中的识别和标注。然而，目前有关话语中衔接连贯的实际语言表现还只能靠人工分析来完成。客观来看，如果不能观察到词句成篇的语言运作机制，对话语衔接来说，多少有些隔靴搔痒。当然，对于应用语言学研究而言，将话语衔接程度的统计值与学生作文分数或学业水平相结合，也产生了相当多有益的发现（梁茂成 2006；杜慧颖、蔡金亭 2013；何莲珍、孙悠夏 2015；江进林 2016；张晓鹏 2016；缪海燕 2017）。

2.4.2 体裁分析方法

体裁分析主要指Swales等人倡导的学术英语话语研究方法。该研究传统主张通过话语交际功能将不同话语类型以及话语内部的子类型区分开来。其中较有影响的分析方法之一是"语步分析"（move analysis），它主要针对学术论文或论著内部的摘要、导言、综述、方法、结果、发现、讨论、致谢等话语单位进行功能和词汇语法特征分析。与此相关的计算语言学和语料库分析工具有TextTiling、VBDUs、WordSkew、TextSmith Tools等。"语篇瓦片技术"（TextTiling，Hearst 1993；宋仁福 2016）和"基于词汇的话语单位"（VBDUs, Vocabulary-Based Discourse Units, Biber *et al.* 2007）是相同的技术。这一技术原理可粗略理解为"移动窗口"（moving window）技术。例如，第1到第10个句子算作第一个窗口，然后将第2到第11个句子算作第二个窗口，比较两个窗口中词汇的重合程度。同理，再跟第3到第12个句子的新窗口进行比对。按此方法直至整个话语结束。每当比对结果显示到达某一个句子时，词汇的使用发生显著变化，即将此处标记为一个新的话语单位的开始。每个话语单位被理解为一个话题单位。照此，一个较长的话语会自动被切分成若干个小的单位。这即是所谓的"基于词汇的话语单位"。这种移动窗口的方法好比由词汇组成的瓦片，一个叠压着另一个，因此得到"语篇瓦片技术"这个名称。如果我们对语料库中所有文本都实施上述的话语单位切分操作，再将所有的开头话语单位作为一个整体进行分析，或许就可以对学术论文摘要进行语言分析。通过移动窗口方法切分出来的话语单位，总体来说比较粗糙，跟实际的论文摘要（或论著的绪论）并不一定十分对应。另外，到目前为止，还没有比较易用的语篇瓦片分析的可视化界面，这也给该方法的推广应用带来一些不便。

WordSkew（Barlow 2016）这一专用工具可以呈现某一词汇、短语或语法结构在话语中的第10%、20%……90%的位置分别出现多少次。WordSkew软件的主要思路仍然意在索引分析，只是将检索得到的频数信息按研究者设定的百分比（比如每10%或每20%）进行呈现。图2.32所示为study一词在四篇学术论文文本库中的分布情况。这一方法跟WordSmith Tools、AntConc、BFSU PowerConc中的索引词图（concordance plot）多少有些类似，虽然能够比较直观地显示某个检索项在文本不同位置的出现情况，但对语步特征的判断和探究作用并不是特别明显。

梁茂成、刘霞（2014）和Liang（2015）中介绍的TextSmith Tools，在"语篇瓦片技术"和WordSkew等工具能自动切分和等比例呈现检索分布结果的基础上，增加了话语不同部分短语知识的自动识别功能，并且设计了友好的用户界面，这将话语的语步分析又往前推进了一步。

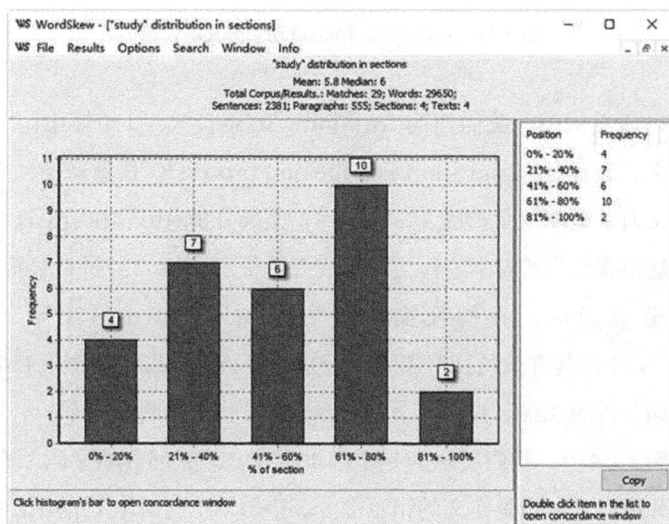

图2.32　WordSkew按百分比呈现检索项分布

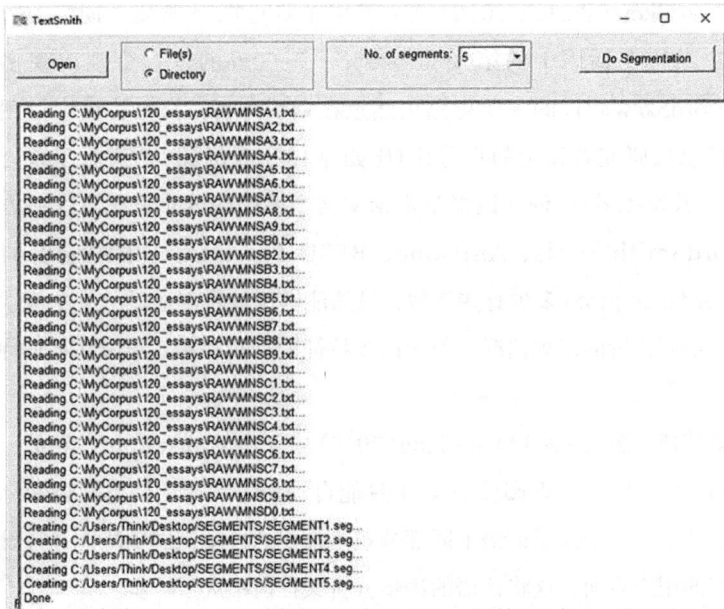

图 2.33　TextSmith Tools自动切分文本设置

　　在当前案例中，我们使用TextSmith Tools读入了120篇中国学生的英语作文，题目是"Education is a lifelong process"。根据经验，中国学生的作文通常呈现三段式特点，且中间正文部分相对引言和结论篇幅明显更长。这里我们将所有学生作文切分成五等份（见图2.33）进行分析。

　　切分完成后，我们在窗口下方找到Keywords选项卡，选择SEGMENT 5，其含义是针对第五部分进行分析。其思路是将第五部分作为主题词分析的观察语料库，余下的四个部分作为参照语料库。

　　在图2.34中，我们展示的是中国学生作文第五部分的主题3词短语，这一部分可以理解为是作文的结论部分。中国学生英语作文的结论部分通常都会采用点题的策略，因此可以看到a lifelong process、is a lifelong、as a lifelong等3词组合，且都来源于作文题目。这既反映了学生们有意点

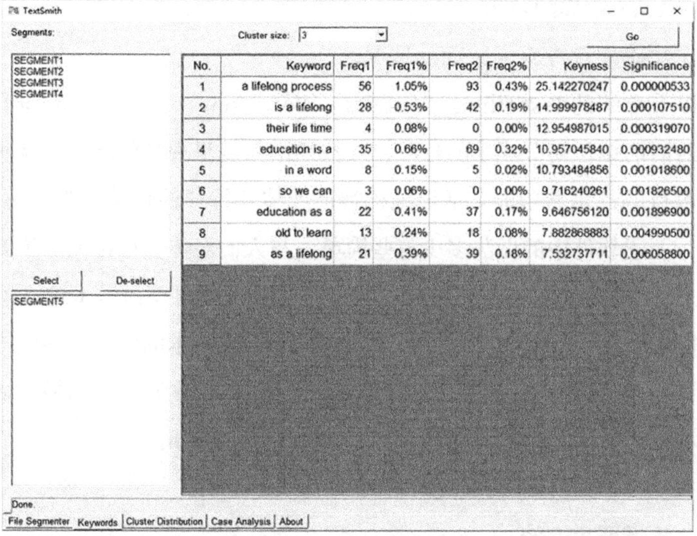

No.	Keyword	Freq1	Freq1%	Freq2	Freq2%	Keyness	Significance
1	a lifelong process	56	1.05%	93	0.43%	25.142270247	0.000000533
2	is a lifelong	28	0.53%	42	0.19%	14.999978487	0.000107510
3	their life time	4	0.08%	0	0.00%	12.954987015	0.000319070
4	education is a	35	0.66%	69	0.32%	10.957045840	0.000932480
5	in a word	8	0.15%	5	0.02%	10.793484856	0.001018600
6	so we can	3	0.06%	0	0.00%	9.716240261	0.001826500
7	education as a	22	0.41%	37	0.17%	9.646756120	0.001896900
8	old to learn	13	0.24%	18	0.08%	7.882868883	0.004990500
9	as a lifelong	21	0.39%	39	0.18%	7.532737711	0.006058800

图 2.34　TextSmith Tools英语作文结论语步典型短语分析

题的考虑，也反映了他们简单抄写作文题、不太注重用自己的语言表达主要论点的弊病。另外几个与主题不直接相关的短语，如in a word、so we can、old to learn，也能揭示中国学生英语作文体裁的一些话语特色。因为写作教学和模板作文的影响，中国学生在作文总结时，常常偏好使用in a word这样的短语，类似于汉语的“一言以蔽之”。在TextSmith Tools中，如果将cluster size(词丛宽度)调整为2的话，我们则会在典型2词短语中看到in conclusion这一短语，这也是中国学者惯常使用的结论性话语标记。so we can的多用反映出学生在文章结尾处热衷于表决心、展望未来的写作模式，体现出很强的主观融入程度。而这种以第一、第二人称代词和情态动词为主的表达多为口头话语的特征。old to learn是英语习语never too old to learn的一部分。这反映出中国学生青睐这些习语套话(cliché)的习惯。虽然在汉语行文中多用成语能增强文采，提升文章质量，但在英语作文中反倒不鼓励多用像a coin has two sides、never too

old to learn这样的习语。通过对大量作文的分析，我们发现中国学生的英语作文确实存在众人一面的情况。

以上介绍的TextTiling、VBDUs、WordSkew、TextSmith Tools都能将大的话语单位切分成小的片段，或按话语长度呈现频数结果。这些软件的基本目的都是希望能对话语结构特征或体裁特征的自动分析有所帮助。然而，上述软件中的做法多少有些简单，与人们对体裁单位或语步的判断仍有差距。刘霞（2016）利用最新的机器学习技术对英语学术论文摘要语步结构的自动识别作了有益的尝试。相信随着新技术的发展，话语体裁结构的识别、切分和分析能有新的进展。跟体裁分析紧密相关的另一话语研究领域是语域研究，相关研究方法将在下一小节介绍。

2.4.3　语域研究方法

体裁（genre）、语域（register）、语体和文体（style）等是话语研究中的近义概念。虽然Lee（2001）和Biber & Conrad（2009）花费很多笔墨对相关术语的渊源作了梳理和区分，但在现有文献中，这些概念仍多有混用。在某些特定的研究领域，譬如在学术话语研究文献中，体裁多指Swales研究传统的体裁研究，在语料库文献中，语域多指Biber研究传统的语域变异研究。语域变异在美国语料库研究发展史中，成果最为丰富，影响也最广，可以说是美国语料库研究的主要流派。本节我们将围绕MAT（Multidimensional Analysis Tagger，多维分析标注器）软件，简要介绍语域变异研究方法的大致流程。

如前文所述，语域变异研究的主要方法是多维分析，其核心思想是因子分析。对众多与语域可能存在相关性的语言特征进行归并，从而概括出若干核心话语功能维度。Biber在1984年初创该方法时采用了41个词汇语法特征。Biber *et al.*（2007）也曾尝试过120多个词汇语法特征，然而，在多维分析文献中，最为经典的还是Biber（1988）中采用的67种词汇语法特征。Biber所倡导的多维分析法需要使用他自己设计的Biber Tagger

工具对语料进行词性标注，然后再用Biber Tag Count软件对所有语料文本中的67个语言特征的出现频次进行统计。得到的统计数据再用SAS或SPSS等软件进行因子分析等操作。Biber创制的相关软件并不对外开放，除了他本人和他的合作者外，其他人无法采用相同的方法进行多维分析，因而也无法对相关研究加以验证。

2013年Andrea Nini推出了MAT多维分析工具，使得更多学者可以利用Biber倡导的多维分析法开展语域变异研究。MAT软件内嵌了Stanford POS Tagger词性标注工具，所有读入的英文文本都会通过Stanford POS Tagger进行自动词性标注。67个语言特征的提取和统计以及后续的因子分析都以批处理的形式在后台自行完成，大大简化了Biber多维分析的操作流程。Nini利用MAT软件针对Biber（1988）所用相同的语料库进行了验证和比对，结果显示MAT完全能够得到Biber Tagger、Biber Tag Count的分析效果。该软件运行前需要安装Java运行环境，之后安装MAT软件即可进行多维分析，图2.35所示为MAT软件主界面。

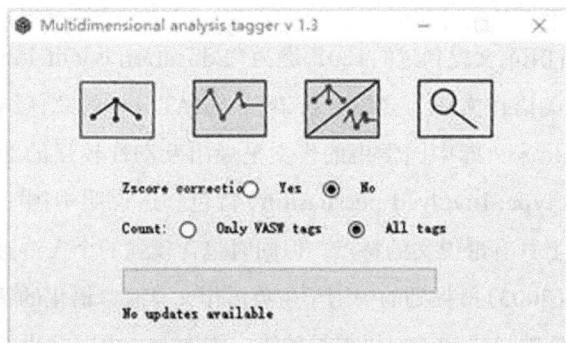

图2.35 MAT软件主界面

MAT的初始界面上有四个功能按钮。分别是：1）词性标注（Tag）；2）多维分析（Analyze）；3）词性标注及多维分析（Tag and analyze）；4）单个文件多特征考察（Inspect a text for dimension features）。通常情况下，我们可以直接选择功能3，将标注和分析合二为一。在文本标注和计算的过程中，会先后弹出两个窗口：首先会询问是否400词次以下的文本不计算型次比（Length for type-token ratio），点击OK即可；其次会要求选择最后结果中是呈现一个还是多个功能维度。通常可以将六个维度都选上，如图2.36所示。

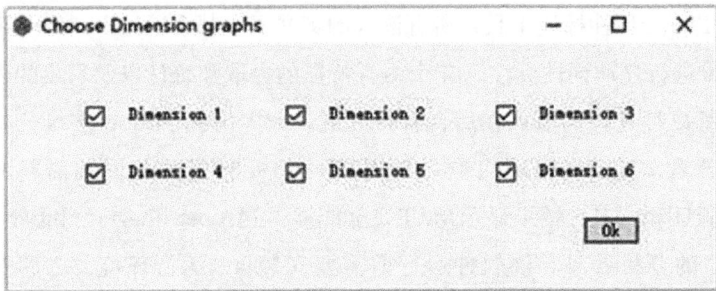

图2.36　MAT软件分析结果维度呈现种类选择界面

此处我们用前文提到过的120篇题为"Education is a lifelong process"的中国学生英语作文作为多维分析语料。MAT分析的总体结果以图片的形式呈现出来，即中国学生的作文呈现出互动性较强的劝说型语域（Closet text type: Involved persuasion）特色。这说明中国学生的英语作文在语域上具有论说文的特点，但同时包含较强的个人情感色彩。这与文秋芳等（2003）所提到的中国学生英语作文具有口语化的特点异曲同工。在最能反映口语和书面语差异的第一维度上，中国学生的英文作文更像有准备的演讲（Dimension 1 closest genre: Prepared speeches）。这些都是很有趣的发现。然而中国学生的英语作文为何表现出这样的语域特征？MAT软件的单个文件语言特征考察功能可以带我们回到每篇作文的原文中一探究竟，原文界面如图2.37所示。

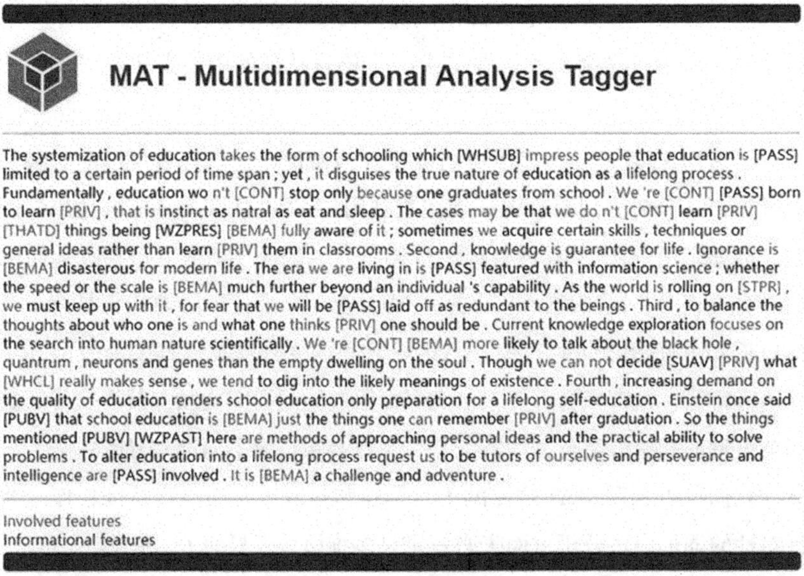

MAT - Multidimensional Analysis Tagger

The systemization of education takes the form of schooling which [WHSUB] impress people that education is [PASS] limited to a certain period of time span ; yet , it disguises the true nature of education as a lifelong process . Fundamentally , education wo n't [CONT] stop only because one graduates from school . We 're [CONT] [PASS] born to learn [PRIV] , that is instinct as natral as eat and sleep . The cases may be that we do n't [CONT] learn [PRIV] [THATD] things being [WZPRES] [BEMA] fully aware of it ; sometimes we acquire certain skills , techniques or general ideas rather than learn [PRIV] them in classrooms . Second , knowledge is guarantee for life . Ignorance is [BEMA] disasterous for modern life . The era we are living in is [PASS] featured with information science ; whether the speed or the scale is [BEMA] much further beyond an individual 's capability . As the world is rolling on [STPR] , we must keep up with it , for fear that we will be [PASS] laid off as redundant to the beings . Third , to balance the thoughts about who one is and what one thinks [PRIV] one should be . Current knowledge exploration focuses on the search into human nature scientifically . We 're [CONT] [BEMA] more likely to talk about the black hole , quantrum , neurons and genes than the empty dwelling on the soul . Though we can not decide [SUAV] [PRIV] what [WHCL] really makes sense , we tend to dig into the likely meanings of existence . Fourth , increasing demand on the quality of education renders school education only preparation for a lifelong self-education . Einstein once said [PUBV] that school education is [BEMA] just the things one can remember [PRIV] after graduation . So the things mentioned [PUBV] [WZPAST] here are methods of approaching personal ideas and the practical ability to solve problems . To alter education into a lifelong process request us to be tutors of ourselves and perseverance and intelligence are [PASS] involved . It is [BEMA] a challenge and adventure .

Involved features
Informational features

图 2.37　MAT软件单个文件语言特征考察功能

通过MAT软件的第四个功能，在经MAT工具标注的120篇作文目录下，找到BRJA2_MAT.txt这篇作文。软件会弹出窗口显示Choose the dimensions to display(选择将要显示的功能维度)。选择Dimension 1进行观察，以免在一篇作文中同时观察多个维度导致信息过于密集。MAT的语言特征分析结果中标记有缩略形式(CONT，即contractions，如're、n't)、私有动词(PRIV，即private verbs，如learn、think、decide、remember)、be动词作为主动词(BEMA，即be as main verb)的语言特征。较多这些用法使中国学生的作文呈现出较强的口语化倾向。这些特征背后的问题在教学实践中需要引起重视。

从上面的介绍可以看出，MAT软件的操作较为简便易学。若希望对研究中涉及的67个语言特征和六个功能维度数据进行深入分析，相关的基础数据可在语料库文本文件夹中以MAT开头的文件下的Statistics

子文件中找到。有关67个语言特征的代码（如CONT、PRIV、BEMA等）在软件手册中有详细说明。有关这67个语言特征的中英文注解可参见附录五。

虽然MAT软件使得多维分析变得相当便捷，使研究者可以对各种话语进行语域分析。然而，也必须注意到用MAT进行多维分析的适用性问题。例如，用MAT工具进行英语变体研究、翻译英语研究、英文旅游网站语言进行分析是否恰当等问题。Biber创制多维分析法的初衷是为了考察口语和书面语之间的各类（子）语域之间的变异情况。其中涉及的几十种语言特征，也都来自有关口语和书面语差异的研究文献。英语变体、翻译英语特征和旅游类英语的特征是否主要都跟口语书面语差异有关呢？诚然，我们可以利用MAT这样的工具标注和提取出各项语言特征，作一些针对性的词汇语法分析，而未必一定是多维语域变异研究。

就多维分析的实质而言，它提供的是方法和思路，即从大量语言特征入手，采用因子分析或聚类分析方法进行统计降维（dimension reduction）。例如，如果我们要研究网络语域语言特征，则需要根据网络话语研究文献，整理出网络语言跟非网络语言之间的区别性特征，然后利用因子分析再作降维（Biber & Egbert 2016）。

2.4.4 多模态话语研究方法

以上我们将话语研究中的社会属性、结构特征、话语意义特征的研究方法及操作步骤都作了介绍。还有一类话语研究，称为多模态话语研究（multi-modal discourse studies）。按照此前的定义，多模态话语研究并不能算作严格意义上的语料库研究，因为通常的语料库多指的是电子文本库。多模态话语在文字符号之外，还会包括图片、出版物的版式、身势语、语音语调、眼神交流等。这些利用常用的语料库工具都无法进行分析。在研究实践中，如果积累了大量视频话语数据，并进行了详细的语言学标注，数据分析中也采用了量化统计方法，这样的研究也应算作广义的语料库研究范畴。针对视频的分析工具有ANVIL、ELAN、Transana，还有我们前面介绍的NVivo和MAXQDA。目前使用较多的多模态话语标注和分析工具是ELAN，以下将作简要介绍。

　　跟前文介绍手工标注工具BFSU Qualitative Coder步骤相同，在开始多模态话语标注之前，最重要的是先确立话语标注的分析框架。我们可以建立一个针对多个模态，涵盖文字、韵律、动作等的全面框架，也可一次只针对其中某一个层面进行标注。多模态话语标注工程量巨大，通常只能对少量话语片段进行标注，不可能达到文本语料库分析的规模。这也就要求多模态语料库研究往纵深发展，特别是挖掘出一些文本语料库研究所无法触及的层面，而不是以语料规模和量化统计作为主要特色。

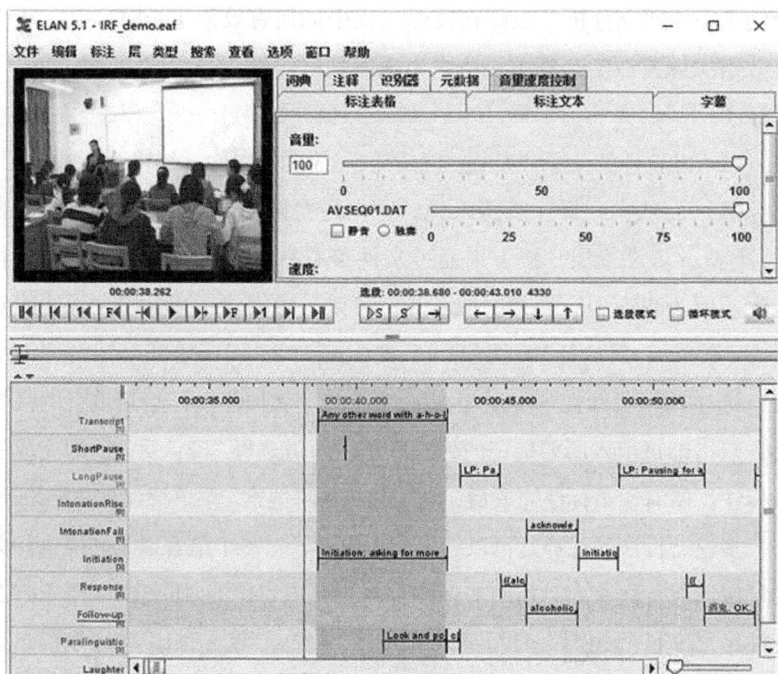

图 2.38　ELAN软件多模态标注界面

从图2.38可见，在ELAN软件中打开需要分析的视频文件（左上角）。在软件界面的下半部分，我们尝试对一节英语精读课的教师话语进行文字转写、韵律特征（包括长短停顿、升降调）、会话结构、副语言特征（如眼神、身体动作等）的统计。

ELAN软件标注中有两个主要概念：一个是语言学类型（linguistic type），一个是层（tier）。其中语言学类型高于层。例如，在该研究中，我们分出语言（verbal）和非语言（non-verbal）两种语言学类型。而层指语言学类型的子类，比如可以包括转写文字、韵律特征、言语行为等三个层；非语言类型包括手势、面部表情、身体姿势等三个层。语言学类型和层的多少以及该采用什么样的体系，取决于我们的研究目的。在层之下是我们具体需要标注的某一个话语（annotation）点。比如在有关教师话语的这个例子中，研究分析了教师在授课过程中如何有效使用长时停顿，从而有效组织课堂教学。其中每一次出现的长时停顿就是我们需要添加的一个标注。

ELAN软件的菜单栏从左到右依次显示为：文件、编辑、标注、层、类型等。而从实际操作步骤来说，方向应是从右往左，即先设置（语言学）类型，再设置层，接下来通过文件菜单打开视频文件，才可以进行标注。因为界面中有视频图像，我们可以一边播放一边标注。标注时双击左下方每一层的标签（例如LP，即Long Pause），就可以针对这一层进行标注。用鼠标在这一层相应的位置选中从长停顿开始到结束的位置后，双击即可填入所要标记的内容。单击右键选择"确认更改"即完成一个标注。所有话语标注完成后，还可以通过"搜索"菜单统计标注结果。

多模态标注的优势是可以超出文本内容，对多个语言以及和语言相关的层级同时标注，而且所有的标注都与视频内容中的时间轴对应。ELAN标注结果文件*.eaf是一种分离式的XML文件。当然，归根结底多模态话语研究的关键还是在于其理论框架。

2.5　结语

　　本章整理了语料库话语研究的常见方法，并展示了利用语料库通用工具和专用工具进行话语研究的思路和流程。目前的研究仍然是以通用语料库工具中的主题词、搭配和索引行分析等方法为主，专用话语研究工具的进展仍然缓慢。从研究内容看，多见针对媒体语言的话语建构研究以及(学术)话语评价研究，有关话语结构的语料库研究数量较少。

　　本章之后的章节将通过实际研究案例，详细展示语料库话语研究问题的提出、数据的处理与分析、结论的得出等环节。在介绍的案例中，本书将关注在中国语境下外语学科的特色研究问题，譬如中国英语学习者话语研究、翻译语言话语研究、专用英语话语研究、学术英语话语研究等。

第三章 语料库与话语建构研究 [1]

3.1 引言

社会语言学以变异（variation）和互动（interaction）两条主线分出
"变异社会语言学"和"互动社会语言学"。其中，互动社会语言学更关注
微观语言互动，需要对话语进行细致分析和解读，因而较少运用语料库语
言学分析方法。变异社会语言学的许多选题利用语料库开展研究，这十分
常见。比如，借助国际英语语料库（ICE）开展的各英语变体的对比研究
（如 Greenbaum 1996; Xiao 2009）；利用布朗家族语料库开展的英语历时
对比研究（如章柏成、许家金 2013）；基于BNC开展的男性女性语言对比
研究（如 Pearce 2008）等。

利用语料库进行社会语言学研究，方法之一是依赖语料文本本身。例
如，前者可通过检索文本中 he、she、actress、actor 这样的词汇，获得性
别语言在语料库中的总体分布、语言变体差异以及历时变化等。第二种方
法是利用语料库的元信息，借助元信息中存储的社会语言学变量，如性别、
身份、经济状况、年龄段等，比较某些语言结构在上述变量水平上的不同
表现。比如可以对比不同人种的语言差异、青少年和成人的语言差异等。

1 本章引自《基于BNC语料库的男性女性家庭角色话语建构研究》一文。本文原载于《解放军外国
语学院学报》2014年第1期10-17页。作者：许家金、李潇辰。有改动。

就语料库分析手段而言，目前的分析多停留在词语频数的多寡上。我们主张，此类研究的完整流程应当是始于词语分析，延伸至上下文语境，扩展至整个篇章乃至社会文化语境。本案例正是采取"点（词语）—线（语句）—面（语篇）语境扩展"（许家金 2004；许家金 2010；吴格奇 2013）开展的一项话语身份认同研究。

3.2 研究综述

3.2.1 身份认同与话语身份认同

身份认同（identity）一般指研究对象的社会归属、在人际互动中的角色以及心理倾向等（Bastos & Oliveira 2006：189）。这可以概括为研究对象的所属、所为、所思。通俗地说，就是回答"研究对象是谁？生存状态如何？"的问题。本研究关注的是男性女性家庭角色，侧重群体身份认同。有关四组家庭关系的研究最终勾勒出这些人的群像和他们之间的人际互动。而话语身份认同（discursive identity）则着眼于人们话语实践中的真实身份认同的投射。

3.2.2 身份认同的社会建构观

本研究的话语身份建构是近年社会语言学研究的重要议题。自Giddens（1991：2）有关后结构主义的自我身份认同的阐述以来，当前对话语身份的主导性分析视角已确立为社会建构理论（social constructionism）。而就社会身份的建构，De Fina *et al.*（2006：2）指出身份认同过程蕴含"话语活动"（discursive work）。因此，利用语料库语言学方法，从大量真实话语中抽取挖掘人际交流的话语实例，并借助语境化分析方法，建构话语身份认同。

3.2.3　语料库驱动的语义研究视角

　　语料库驱动的语义研究视角是语料库语言学领域最重要的研究取向之一。其核心思想源自 Firth 的"语境论"，具体来说，就是借助词语搭配判定语义，即所谓的"搭配辨义"（meaning by collocation）（Firth 1951/1957：194）。若要充分认识词汇语义或概念（如本研究关注的家庭角色），可从词语入手，通过语境分析，由上下文语境延伸至篇章，进而达到社会文化语境的词语共现观（Firth 1951/1957：192）。这一思想后经 Sinclair（1996）提炼发展，形成了更具操作性的"扩展意义单位"分析模式，也被 Tognini-Bonelli（2001）概括为"语料库驱动视角"。

　　上述社会建构观和语料库驱动的分析模式，都强调分析过程的自下而上以及身份认同的建构与动态浮现（emergence）。前者构成本研究的哲学基础，后者是实现本研究的操作保障。本研究正是采取语料库驱动的分析方法，最终希望从家庭成员的体力、财力和权利亲疏三个社会学层面构建家庭角色，并分析代际和性别差异。以下详述研究设计和分析步骤。

3.3　研究设计

3.3.1　研究问题

　　本研究试回答以下问题：

(1) 子女（son/daughter）、夫妻（husband/wife）、父母（father/mother）及祖父母（grandfather/grandmother）四组家庭角色在 BNC 中总体呈现怎样的话语认同趋势？

(2) 四组不同代际的家庭角色在 BNC 中的话语建构各有怎样的特征？各组角色内部性别差异在内容及程度上有何异同？

3.3.2 研究方法

本研究选取四组家庭角色作为切入点，即子女（son/daughter）、夫妻（husband/wife）、父母（father/mother）及祖父母（grandfather/grandmother）。家庭角色选取基于以下考虑：第一，家庭是重要的社会关系，对人格的形成至关重要，家庭是社会的细胞和缩影，社会观念常常体现在家庭角色中，并潜移默化影响个人；第二，选择四组性别对应的家庭角色，使研究聚焦于性别差异而不受其他变量干扰。四组词语中每组词的唯一区别是性别因素。因此，性别因素可在很大程度上解释这些词在语言行为上的差异。

我们利用Sketch Engine（文擎）（Kilgarriff *et al.* 2004）网络语料库检索系统（https://www.sketchengine.eu，系统内含BNC）对四组词在BNC中分别进行了"词汇素描对比"分析（sketch difference）。"词汇素描"在文擎系统中指按语法属性呈现出来的典型词语搭配。而"词汇素描对比"可以将参与对比的两个词的共同搭配词和特异搭配词分别呈现。而利用搭配词研究身份认同是当前基于语料库的话语建构研究的常见方法。其基本理据源自"观人于其所友"（You shall know a person by the company he keeps.）（Firth 1951/1957）的道理。同理，若要在真实语言中"观人"，那么就可以通过考察某个词语（如本研究中的家庭角色词）的典型搭配词得知。

文擎系统可按语法角色自动提供典型搭配词。本研究关注六类语法角色，即主谓关系（subject of，如husband *retires*）、述宾关系（object of，如*assaults* one's wife）、修饰成分（modifiers，如*working* wives）、修饰关系（modifies，如mother *love*），占有关系（possession，如father's *estate*）和"占有者"（possessor，如*Margaret's* husband）。这些语法位置上的典型搭配词能有效揭示四组家庭成员间的权力与身份，因此被列入考察范围。

我们将文擎收集到的典型搭配词及例句按语义属性归类，并结合上下文，从而揭示关系双方各自的身份认同。本研究还对比了性别差异在各组家庭角色中的体现方式及其在内容和程度上的共性和差异。在随后的讨论中，我们将总结性别差异在家庭角色中呈现的总体趋势，并探讨性别因素对家庭角色的影响。

3.4 数据分析

数据表明性别差异在各组家庭角色中呈现出一致性、差异性和继承性三种特性。

3.4.1 各组关系共有的性别差异

在各组家庭角色中均发现明显的性别差异：在四组家庭角色中，男性亲属的社会地位普遍高于相应的女性亲属，他们对自身和他人能够施加较大的影响。概括起来，其共同特征有三种。

第一，在家庭生活中，男性往往被塑造成暴力施加者的形象，女性则被塑造为暴力的受害者形象。这种语义倾向在与各检索词搭配的动词中有不同程度的体现。表3.1列出了女性亲属词作宾语时所搭配的部分动词。女性亲属作为rape、stab、batter、neglect、beat等词宾语的出现概率非常高。它们代表的都是严重的暴力行为。这说明，女性亲属比男性亲属更易受到暴力侵害。这种侵害不限于肢体暴力（如rape），还包括情感暴力或冷暴力（如neglect）。女性在话语中被构建为身心脆弱、易受暴力侵害的形象，在权力关系中处于弱势。此外，部分例句的语法构造也加深了这一印象。通过观察表3.1中动词的索引行，发现相当大比例的句子以被动语态的形式出现。换言之，女性亲属词常充当被动句的主语。这会使读者认为"受事"无力改变现实。类似的现象也存在于部分女性亲属词的修饰语中，如battered、deserted修饰wife。这种前置修饰语中的被动态作用机理与真正的被动句异曲同工，但更具隐蔽性。

表 3.1　女性亲属词作宾语时所搭配的表示家庭暴力的动词

关键词	搭配词（如 seduce one's daughter）
daughter	seduce、assault、hug、rescue、bury、adopt、marry
wife	rape、assault、stab、batter、strangle、beat、neglect、deceive、poison、desert
mother	hurt、blame、worry

　　进一步分析表3.1中动词的索引行（见表3.2），我们发现暴力行为的施加者往往是家庭中的男性亲属，如batter在与wife搭配时，其丈夫通常是动作的实施者。不仅如此，男性亲属的搭配词呈现出与女性亲属的搭配词相对的语义特征。男性亲属词多作为暴力事件的施事出现，比如，father desert/abuse，husband abandon/rape等搭配。这进一步印证了男性（尤其是丈夫和父亲）往往被塑造成家庭暴力施加者的形象。

表 3.2　batter与wife搭配的索引行

approval as Punch proceeded to *batter* his	**wife**	and lay her by the baby's side. Next a
there were always debts. And we had *battered*	**wives**	in those days, you know, on our street.
use these resources frequently to *batter*	**wives**	and cohabitees (Dobash and Dobash 1981)
explode in frustration and *batter* their	**wives**	Women strike back with anything
Who turned killer ousted oil boss *batters*	**wife**	, then dies in sea Tom Merrin <p>

（待续）

（续表）

mansion where an oil tycoon *battered* his	**wife**	to death before killing himself is up for

第二，男性家庭成员对财产有较强的支配力。在男性成员的搭配词中，发现了表示"财物"的词。比如，较多出现succeed + grandfather、disinherit + son、son + succeed、father + purchase等表示继承或财产处置的搭配，而这些词在女性亲属的搭配词中几乎不出现。这说明财富的传递多发生在男性亲属间，男性拥有家庭财物的处置权。在与男性亲属词搭配的名词中（如表3.3所示），男性亲属搭配词的属格结构里包含grandfather's estate/cottage、father's estate、husband's debt、grandfather's will、son's succession等结构，这暗示了男性拥有家庭中最重要的财产，并能决定财产的去向。男性亲属的搭配词中还存在表示"职业"的词，如grandfather's shop/farm、father's occupation，而女性亲属的搭配词中则未发现此类词。这些事实都说明了男性在经济关系中处于优势地位。而女性亲属词的搭配词则多与家庭或婚姻有关，如wife's lover/pregnancy、daughter's boyfriend/husband/wedding/marriage/child等。此外，mother的搭配词中还有部分词语与女性身体有关，它们多与生育关系密切，如mother's womb/milk/breast。概括起来，男性拥有事业和资产，而女性拥有的是婚姻和家庭。

表 3.3　男性亲属搭配词的属格结构

组别	男性亲属的搭配词（如 husband's occupation）
husband/wife	occupation conduct、debt
father/mother	estate、heir、will、occupation
grandfather/grandmother	money、shop、estate、will、cottage

第三，男性家庭成员拥有较高的社会地位，"一家之长"多是父亲、丈夫等男性亲属。同样是在动宾结构中充当宾语，mother前面的动词多是worry、blame、hurt等，而father前的搭配词则是obey、adore、honor等。在充当主语时，mother后接cry、weep等动词的概率显著高于father后接这些词的概率，而father的搭配词中则包括forbid、acquiesce等表达许可等含义的动词。类似情况在husband同wife搭配词的对比中也十分明显。例如，BNC中有obey/nurse + husband的动宾搭配，而与wife搭配力较强的动词则是rape、batter等。父亲、丈夫能发号施令，而其他家庭成员则需要遵从其决定。父亲、丈夫在家中的地位还体现在家庭成员间的指称关系上。在语料中，父亲、丈夫往往作为锚点出现，家庭中的其他成员通过其与父亲、丈夫的关系而被引入话语中。比如，在谈及某位成年男性时，人们往往直呼其名，而谈及某位女性时，人们常以"某人的妻子"或"某人的女儿"的方式指代。这种倾向在"占有者"这种语法角色中表现尤为明显。表3.4展示了四组词表示"占有者"含义的搭配词对比。其中wife的搭配词几乎都是其丈夫的职业，如clergyman's wife。这说明家庭中男性家长的职业和社会地位决定了其他成员的社会地位。

表 3.4　四组词表示"占有者"含义的搭配词对比

组别	关键词	搭配词（如 minister's son）
son/daughter	son	minister、John、president、Charles、Edward、God、queen、rector
	daughter	shoemaker、Isabelle、Sheikha、miller、vicar、canon、landlord

（待续）

（续表）

组别	关键词	搭配词（如 minister's son）
husband/wife	husband	Margaret、plaintiff、Nicola
	wife	vicar、rector、farmer、parson、miner、clergyman、colonel、ambassador、landlord、policeman、professor、prisoner、poet
father/mother	father	Ramsey、Martha、Benny、Artemis、Davide
	mother	Alain、Jarvis、Elinor、Anna、Hannah、Stephen、Kate、Diana、Hugh、Sarah
grandfather/grandmother	grandfather	mother、Diana、Kee
	grandmother	Woolacombe、Sarah、David、wife、child

概言之，男性亲属词与女性亲属词的搭配词差异显著。这些差异在各组亲属词的对比中有一个共同趋向，即"男尊女卑"的总体格局。男性亲属在家庭日常行为、财产占有等方面地位较高，而女性亲属的地位普遍低于对应的男性亲属。

3.4.2 各组关系中特有的性别差异

尽管各组家庭角色词都显示出较明显的性别差异，但各组家庭角色中的性别差异在内容和程度上不尽相同。性别差异在husband/wife和father/mother的对比中最为强烈，而在grandfather/grandmother和son/daughter中程度较轻。

3.4.2.1 各组家庭角色的权力差异

在家庭生活中，代际身份、权力和地位的不同对家庭生活的影响力也不相同。夫妻、父母在家庭权力体系中处于上位，而子女、祖父母则相对处于边缘和从属的地位，对家庭生活影响有限。这种倾向在语料中有清晰的反映。首先，四组家庭角色与表示"暴力"的词语搭配情况不同（见 表3.5）。在husband/wife与father/mother的 对 比 中，husband、father、mother的搭配词中出现了明显的表示"暴力行为"的动词，其搭配包括husband + desert、beat + wife、mother + abandon等，其暴力实施的方向还包括父母对子女的（如father、mother、husband → son/daughter）暴力行为。与之相对，grandfather/grandmother组的对比中，仅在grandfather作宾语时与表示暴力的动词搭配。这说明祖父母多是暴力的受害者而不太可能向他人施加暴力。可见，父母、夫妻往往是暴力行为的发源地，而子女、祖父母往往成为家庭暴力的受害者。

表 3.5　各组家庭角色词在主谓、述宾关系中"暴力"词语搭配对比

组别	关键词	主谓关系 （如 husband abandons）	述宾关系 （如 shoot one's son）
son/daughter	son		shoot
	daughter		seduce、assault、bury
husband/ wife	husband	abandon、desert、rape	
	wife		rape、assault、stab、batter、strangle、beat、neglect、deceive、poison、desert
father/ mother	father	desert、abuse	
	mother		hurt、blame、worry
grandfather/ grandmother	grandfather		kill、shoot
	grandmother		

其次，四组家庭角色在"占有者"这个语法角色中，搭配词有明显的区别（表3.4）：son/daughter的"占有者"几乎全是其父母的职业，如shoemaker's daughter；father/mother的搭配词则都是其子女的名字，而不是职业，如Kate's mother；而在husband/wife的搭配词则结合了上述两种倾向：wife的搭配词都是其丈夫的职业，如farmer's wife，而husband有限的几个搭配则多是其妻子的名字，如Margaret's husband；而grandfather/grandmother的搭配词没有一个与职业相关。此外，搭配词中还有部分是家庭角色词，如wife's grandmother。这些倾向表明，夫妻、父母（尤其是丈夫和父亲）的社会地位是人们关注的焦点。与之相对，祖父母仅作为家庭成员出现，人们关注的是他们与其他家庭成员之间的关系，而不是其社会地位。

第三，四组家庭成员在"占有关系"这种语法角色中的搭配词也存在差异（见表3.6）。在husband/wife、father/mother、grandfather/grandmother这三组对比中都有涉及财产的名词出现，如husband's estate、wife's earnings、father's will、mother's residence、grandfather's shop等，但在son/daughter的对比中则几乎不存在这种语义倾向。这表明，夫妻、父母、祖父母在话语中充当"财产占有者"的概率高于son/daughter，这反映了son/daughter这组社会关系占有的社会资源比其他三类少。社会往往将son/daughter视作家庭财产的继承者而不是拥有者。可见，husband/wife和father/mother是家庭权力中心，而son/daughter和grandfather/grandmother则处于相对弱势的地位，权力在家庭成员中的代际分布是不均衡的。

表 3.6　各组家庭角色词占有关系对比

组别	关键词	搭配词（如 son's head)
son/daughter	son	head、condition、behaviour、wife、shoulder、bedroom
	daughter	boyfriend、wedding、marriage、birth、husband、father、room、child
husband/wife	husband	occupation、affair、murder、wish、grave、debt、ash、mistress、affection
	wife	tale、signature、lover、pregnancy、earnings、pension
father/mother	father	suicide、estate、heir、reign、mistress、grave、will、occupation、footstep
	mother	womb、milk、birthday、breast、lap、knee、lover、residence
grandfather/grandmother	grandfather	day、money、shop、name、brother、estate、will、cottage、grave
	grandmother	footstep、funeral、house、room、side、hand

3.4.2.2　性别差异在各组关系中的体现

伴随着权力地位的变化，性别差异在各组家庭角色中也呈现出不同形式。性别差异和权力的分布呈现相似的趋势，即性别差异在夫妻和父母关系中比较明显，而在祖父母、子女这两组关系中不太明显。这种趋势在3.4.2.1节所述的三个方面都有所体现：首先，不同组间表示"家庭暴力"的动词不同（表3.5）。husband/wife的搭配词中包含了大量与家庭暴力相关的动词，而且其施事多为husband，受事多为wife。这说明家庭暴力在夫妻关系中比较突出，且夫妻在家庭暴力中的身份认同较为确定。而grandfather/grandmother的搭配词中不存在类似的语义倾向：grandfather不再扮演男性"暴力施加者"的角色，反而成了暴力的牺牲品（shoot + grandfather），而与grandmother搭配的动词中未发现有表示家庭暴力的动词。这说明到祖父母阶段时，性别差异已发生变化：男性不再作为暴力施加者出现，女性也不再成为暴力受害者，两者与家庭暴力的联系较弱。

在"占有关系"中，四组搭配词也有差异。在3.4.2.1节我们已经发现在husband/wife、father/mother、grandfather/grandmother这三组搭配词中都出现了与财产有关的词，且这类词往往与男性亲属搭配。然而在son/daughter的对比中这种语义倾向却不明显。son/daughter的差异不在财产的占有上，而是在对财产的继承权上。这种差异在动词搭配词中比较明显，如(son) succeed + father、disinherit + son等。这些动词与father/son搭配较强，而与daughter的搭配较少。这表明四组家庭角色都存在财产方面的男女差异，但差异的表现方式和程度并不相同。

此外，在son/daughter的对比中，daughter往往与表示婚姻、家庭的词搭配，如daughter's wedding/marriage/husband等；mother则与表示身体部位的词搭配，如mother's knee/lap/womb等；wife则与表示感情生活的词（lover）和表生育的词（pregnancy）等搭配；而grandmother与身体部位（hand）、动作（footstep）和住所（house、room）等搭配（表3.6）。上述语义倾向反映了不同家庭角色中的女性形象：女儿常与婚嫁相联系，妻子则与夫妻关系（感情、生育）相联系，母亲的形象往往与生育和抚养有关，而祖母的形象则凸显其安逸与慈祥。由此可见，各组家庭角色的对比展现了女性身份认同的不同侧面，性别差异在各组中表现各异。

3.5　结语

　　综上，本研究从方法论上论证了话语身份的建构观与语料库方法的兼容性。本研究采用的语料库驱动的研究方法，为话语身份建构研究提供了具有很强操作性的理论视角。基于1亿词次语料库的实证分析，我们发现在家庭生活中，男性和女性亲属在英国英语中的形象有显著差别。这种差别不能简单概括为"男尊女卑"。在家庭生活的大背景下，世代差异、性别差异相互作用，使得各亲属成员的形象异中有同、同中有异，形成对立中包含统一的复杂格局。概括起来，性别差异的程度与家庭中的权力地位有关。夫妻、父母处于家庭身份认同的中心，性别差异也最为强烈。但夫妻、父母的性别差异也有不同：夫妻在家庭暴力、经济地位和社会地位三方面都表现出明显的不平等，丈夫在各方面都占优。而父母的对比有趋同倾向：他们都向子女施加暴力，都可将子女引入话语中（X's son/daughter），反之亦然（X's father/mother）。这是因为夫妻是纯性别的对立，而有关父母的话语则建立在他们同子女的关系的基础上。因此父母身份认同在对立中有共性，这体现在其与子女权力关系的差异上。祖父母、子女处在权力关系的下风，其性别差异也较小。但性别差异在这两组家庭角色中的表现形式也有不同：总体来说，祖父母的地位略高于子女。因为他们受暴力困扰较轻，占有财产，社会地位由自己决定；而子女则受暴力困扰重，暂时还不是财产的拥有者，社会地位由父母决定。此外，从性别差异的发展过程来看，祖父母的性别差异是以前生活所遗留的，且逐渐淡去（只通过遗产继承等有限方式来表现，且强度低），而子女的地位和性别差异是社会生活所强加的，只能通过与父母的关系获得。

　　本研究利用文擎软件对英国国家语料库中家庭角色词的搭配词作了对比，并作了社会语言学视角下的分析，揭示了男女在家庭话语中的身份建构，并探讨了对立所暗含的性别差异。该研究具有以下特点：第一，采用从词语到话语的语境扩展的语料库驱动分析方法，将社会建构主义的身份认同研究变得更加可操作。第二，在词语对比的同时兼顾语法属性（即类联接），这有助于更准确地把握每个关键词所蕴含的语境特征。当然，本研究也存在值得改进之处。比如，文擎软件无法解决同形异义问题，如father可表示"父亲"，也可表示"教士"。

身份认同研究还关注认同的时间性和动态性，譬如，性别差异在个体身上的表现可能呈现出单一性与复合性的对立统一，因为个体在一生中会经历多次家庭身份的变更，而且常常同时拥有多重角色。在今后的研究中，我们将考虑结合历时语料库，考察身份认同的变异发展。若可以在量化分析的基础上，有针对性地再结合细致的互动话语分析，则还可能揭示身份认同的动态协商属性。

第四章 语料库与立场评价研究 [1]

4.1 引言

日常话语交流除传达信息外，很大一部分是在作出判断、给出评价或传达个人情感。例如This picture is fantastic!这句话，表露出的是说话人对图画的认可或赞美。综观情态或立场相关的文献，除"立场"（stance）外，还有不少近义术语，如"情态性"（modality）（Palmer 2001）、"评价"（appraisal）（Martin & White 2005）或"评估"（evaluation）（Hunston & Thompson 2000）、"主观性"（subjectivity）和"交互主观性"（intersubjectivity）（Stein & Wright 1995）、"元 话 语"（metadiscourse）（Hyland 2005a，2005b）等。这些概念和相关研究的共性是反映实际话语中的人际交流和互动的主观性过程。

4.2 研究综述

4.2.1 以往研究简述

在与立场表达较相关（特别是语言教学环境下）的研究中，Biber

---

1 本章引自《大学生英汉同题议论文中立场标记的对比研究》一文。本文原载于《外语与外语教学》2010年第3期21-24页。作者：龙满英、许家金。有改动。

（2006：87-131）基于大量真实语料考察了用于立场标记的各种词汇语法特征，发现口语体中的立场标记较书面语明显要多，其中知识性立场（epistemic）标记最为明显。Hyland（2005a）的研究表明理工科学术论文较人文社会科学的立场表现得更明显，含有更多"自我"印记。类似的研究提示我们，不同语体、不同学科的话语因交际目的不同，立场的表达在语言形式上也有分别。

除了较多有关英语的立场表达的研究，二语研究领域也有学者对学习者作文中的主观性互动形式进行了考察。比如Petch-Tyson（1998）的研究显示来自四种不同语言背景(荷兰、芬兰、法国、瑞典)的英语非本族语学习者比本族语者(美国大学生)表现出更强的"互动能见度"（writer/reader visibility），即在实际作文中，二语学生多用表明作者和读者身份的人称代词等，这使人感觉作者将读者也纳入文本内，仿佛双方在文本间可以互相对话。加上他们过多使用语篇指称词和模糊限制语，这些二语学习者都通过自己的语言方式表达着自己的立场。Neff *et al.*（2003）在有关"言据性"（evidentiality）和立场标记的中介语对比研究（contrastive interlanguage analysis）中，也得出类似结论。这些对比研究说明，二语学习者利用英语进行议论文写作时，在表达自身立场方面，相对母语者而言还是有不足的。这些立场的话语构建的不足到底是如何表现的？造成这种情况的可能原因又是什么？这是本研究的主要出发点。

4.2.2 本研究分析框架

为保证对比研究的有效性，我们在综合Biber *et al.*（1999：972-975）的立场标记分类和语义学(如Palmer 2001；Saeed 2003)中有关情态性分类的基础上，经过细致的先导研究后增加了文本立场标记，构成了本研究的"对比基础"（tertium comparationis），即本研究的基本分析框架。以下概述分析框架的构成。

Biber等人的立场标记分类包括:（1）知识性（epistemic）立场标

记——标记作者确定/怀疑的态度，所述话语近乎事实或与事实有某种程度的相似而且有根据；(2)态度性(attitudinal)立场标记——标记作者的态度与评价，多是个人感受或情感的反映；(3)言谈风格(style of speaking)——一种对所述内容本身的评价。这种分类框架有其问题：在具体语料分析时，某一立场表达归为哪一类，常常是模棱两可的。为弥补态度性立场标记和言谈风格界限不清、分析操作性不强的问题，我们借助了语义学中的认知情态(epistemic modality)和义务情态(deontic modality)两个较为定性的概念。认知情态表示说话人对某一特定事件的认知水平、确定或可能性的程度，而义务情态涉及该事件所要求的必要性和义务性的行为(Palmer 2001: 8-10)。本研究将义务性立场标记也作为立场分类框架的类别之一。

另外，在先导研究中，我们注意到有相当数量的显性话语连接标记。它们明示话语的承接或次第关系，也会影响立场表达。因此，文本层面上的标记语也是本研究的分析对象之一。

至此，我们得到了本研究的总体分类框架，其中包含：

1. 知识性(epistemic)立场标记：

标记作者对命题的确定程度、言据性及与事实的相关性等；

2. 义务性(deontic)立场标记：

标记作者认定某事的必要性/义务性、能否允许/执行的可能性/能力、因果等；

3. 态度性(attitudinal)立场标记：

标记作者的评价、个人感受和情感等；

4. 文本性(textual)立场标记：

标记作者组织篇章结构、使话语连贯和促进观点阐释的论述。

以上立场标记四分法构成本研究的主要分析框架。四类标记的子类及示例请见4.3.2.2小节。

4.3　研究设计

本研究有别于以往研究之处在于我们对比分析的是同一组学习者不同语言(即英语、汉语)同题议论文的立场标记使用情况,以期探讨两种语言间是否可能存在跨语言影响。以下将详述本研究的目的及分析过程。

4.3.1　研究问题

本研究旨在对比中国英语学习者在英汉语同题议论文中是如何表达立场的。我们对收集到的大学生英汉语同题议论文中的立场标记进行统计和分析,并尝试回答以下问题:

(1)中国大学生英语议论文中的立场标记与其汉语同题议论文中的标记词总体上是否具有相关性?

(2)中国大学生英语议论文中的立场标记词与其汉语同题议论文中的标记词在不同类别上是否具有相关性? 如果有, 在多大程度上相关? 如何相关?

4.3.2　数据采集

4.3.2.1　语料收集

本研究基于两组具有高度可比性的英汉语同题作文语料。每个学生先用汉语完成一篇议论文(题为《网络是喜还是忧?》),再用英语完成同题作文(题为 "Is the Internet a blessing or a curse?")。语料收集自某高校英语专业的200名学生的作文。整理语料时发现有42名学生只写了英文作文,没写汉语作文。在同时完成英汉语作文的158名学生中,经逐个比对英汉语作文内容,最后筛选出61名学生的英汉语作文。这些作文在段落层次上较为对应,即英汉语作文传递的内容信息在段落层次上大致相同。

英汉语作文结构、内容相近，有助于考察类似篇幅和内容中的立场及态度表达。若英汉语同题作文篇幅和内容差别过大，所承载的基本信息不同，其所附加的立场态度则缺少共同的内容基础。因此，语料整理时，汉语作文内容较丰富，而英文作文简略草率的被逐一删除。本研究是基于这61对高度对应的英汉语作文展开的。

4.3.2.2　立场标记的识别

在识别立场标记时，我们坚持的原则是：所确定的立场标记必须有助于作者论述主题。具体的标注方案如表4.1：

表 4.1　标注方案及示例

大类	子类	代码及英汉语例词
Epistemic 知识性	Certainty 确定性	EPI-CER
		really、as we all know、undoubtedly、obviously 绝对、确实、不可否认、完全、有目共睹
	Evidentiality 言据性	EPI-EVI
		some people think、according to、as…said 据调查、根据媒体报道、有人说、人们常说
	Likelihood 可能性	EPI-LIK
		seem、likely、appear、in my opinion、in many cases、almost 我个人认为、我想、了解、几乎、发现、我觉得
Deontic 义务性	Necessity/ Obligation 必要	DEO-NEC
		should、necessary、must、shall、need 需要、应该、必须、要、不得不

（待续）

（续表）

大类	子类	代码及英汉语例词	
Deontic 义务性	Permission/ Possibility/ Ability 能愿	DEO-PER	
		can、will、may、would、could、able、enable 可以、会、能、可能、也许	
	Causality 因果	DEO-CAU	
		help、effect、save、waste、provide、offer、lead to 节省、提供、帮助、影响、导致、以至于	
Attitudinal 态度性	Affect 情感	ATT-AFF	
		like、popular、worry、enjoy、relax、boring 享受、担心、尽情、烦恼、合意	
	Evaluation 评价	ATT-EVA	
		good、convenient、bad、important、advantage、 useful 方便、欢喜、好处、利益、负面影响、弊端	
Textual 文本性		TEXT	
		so、therefore、but、first of all、for example、all in all 但是、首先、所以、因为、其次、这样、以上这些	

实际标注中，部分典型立场标记在观点论述中起核心作用。它们明示作者的观点、判断和评价，对论述有直接贡献。另外，一些边缘立场标记在论述中并不起直接作用，读者需通过推测获知作者想要表达的立场。请看以下两例：

（1）一提起数字技术人们就会想到电脑，而一提到电脑，自然而然也就会想到网络。在21世纪这样一个信息高速发展的时代里，网络扮演着<u>越来越重要的</u>角色。

（2）首先，网络可以快捷而有效地为我们提供大量信息。如果我们为了工作或学习的需要而想查找某一方面的信息，我们就可以利用网络<u>很方便地</u>搜寻到<u>尽可能丰富的</u>资料。譬如，通过访问各种网站，阅读网上报纸，我们便可了解到<u>最新的</u>国际讯息，娱乐资讯，各国风土人情，奇闻趣事。<u>应有尽有的</u>缤纷内容可以<u>极大地丰富</u>我们的知识，开阔眼界。

例（1）摘自某篇作文的首段。从标有下划线的部分看，读者可轻易得知作者对主题"网络"的积极态度，即支持网络，认为网络是喜。例（2）中，作者说的是信息的特点或搜索信息的特点以及对人们的影响，而不是直接讨论网络本身。读者因而需要推知隐含的立场。我们有理由认为第二类情况也与主题相关，可间接推进作者的论述，在我们的分析中也记为立场标记。

贯穿研究语料的核心内容是"网络是如何影响人们的？"因此，无疑要涉及网络、人们、影响这三方面。换言之，要带着"网络对人们产生了什么样的影响？"这样的问题来识别立场标记。讲述这三方面关系的语言形式都可识别为立场标记。

4.3.2.3 标注流程

将某词识别为立场标记后，通过机助定性标注工具按照表4.1对122篇文本进行标注。在先导研究后，由两位作者交互核对，从而保证较高的编码效度（inter-annotator reliability）。之后，我们手工标注了122篇学生语料。

4.4 数据分析

4.4.1 立场标记的总体分布

将英汉语作文中各类别(知识性,义务性,态度性和文本性)的立场标记出现的频数加以统计,得到四个类别的分项频数和总频数。进而用SPSS分析英汉语中立场标记的总体频数以及分项频数是否具有相关性。结果(表4.2)显示,英汉语议论文中的立场标记总体上呈现较高的显著相关性($r = 0.60$,$p < 0.01$),即学生英语议论文中立场标记的使用同其在汉语议论文中的使用呈现出较高的一致性。

表 4.2 英汉语议论文立场标记总体相关性

	相关性系数 r	p值
61篇英语作文/议论文	0.60	0.000**
61篇汉语作文/议论文		

4.4.2 立场标记分项统计

从表4.3可见,知识性立场标记在英汉语语料中的使用虽然相关,但相关性系数 r 值不高($r = 0.31$,$p < 0.05$)。其中,确定性立场标记在英汉语语料中的使用是密切相关的($r = 0.51$,$p < 0.01$),言据性和可能性立场标记的相关性不显著(分别为 $r = 0.20$,$p > 0.05$; $r = 0.16$,$p > 0.05$)。这说明,中国学习者在英汉语议论文中趋向于用类似方式表达自己对命题的确定性,而表达证据和可能性立场时却相对分离。

表 4.3　英汉语语料中各类立场标记相关性的分项数据

英汉语立场标记类别		相关性系数 r	p值
知识性		0.31	0.017*
	确定性	0.51	0.000**
	言据性	0.20	0.124
	可能性	0.16	0.215
义务性		0.23	0.075
	必要	0.21	0.109
	能愿	0.30	0.018*
	因果	0.37	0.003**
态度性		0.58	0.000**
	情感	0.07	0.584
	评价	0.57	0.000**
文本性		0.44	0.000**

在义务性立场方面，其中的基本类别，即表达必要的立场标记没有表现出显著的相关性。而表达能愿和因果的立场标记呈现出显著的相关性。

相对而言，态度性立场标记的相关性明显较高（$r = 0.58$，$p < 0.01$）。其中，情感立场标记的使用没有相关性（$r = 0.07$，$p > 0.05$）；而评价立场标记在英汉语语料中的使用却是显著相关的（$r = 0.57$，$p < 0.01$）。

同样，文本性立场标记的使用也是相关的（$r = 0.44$，$p < 0.01$）。换言之，在很大程度上，学习者们在组织英汉语议论文结构和行文的方式上是一致的。

4.5　讨论

4.5.1　相关性分析

综合上一节的相关性分析。总体上，中国大学生在写作英汉语议论文时，有较高程度类同的立场表现。从立场表达的四个大类来看，主观性最高的是态度性立场标记，它的英汉语相关性最高。这从某种程度上印证了中国大学生英语作文中的主观性特征和口语化特征（文秋芳等2003）是与汉语有一定关联的。这一结论不同于Petch-Tyson（1998）有关各语种背景的二语学习者都有主观化特征的观点。也可以说是通过母语语料补充了她们的观点。除了主观性高的立场标记外，文本性也呈现出较高的相关性，这说明在议论文文体方面，英汉语都遵循"总—分—总"和"首先—其次—再次"的论证结构。这一点或许是英汉语作文写作教学的结果。

从立场标记子类来看，结果大致也表现出主观性类别相关性高的特点。比如，评价类（$r = 0.57$）、因果类（$r = 0.37$）、能愿类（$r = 0.30$）。除此之外，英汉语确定性立场标记具有很高的相关性（$r = 0.51$）也不出意料。这一类标记反映的是作者的核心观点，同一作者英汉语作文理应表现一致。

4.5.2　基于词条和索引行的语境分析

利用AntConc还可以获得各立场标记在所有语料中的使用列表，它类似于词表。进而能得知该标记语在语境中的具体使用情况。通过分析以立场标记为节点词的索引行，得出本研究所用语料中立场标记的类别在语义层面趋于相同，在词汇和短语层面上也呈现出英汉语高度对应的特点。以知识性立场标记为例，表4.4是英汉语作文中使用频率较高的确定性立场标记。确定性立场标记的作用在于通过唤醒共有知识（比如使用as we all know、generally、我们每个人都知道、众所周知等短语），将读者带入一种同意作者观点的状态，在读者和作者之间建立一种默契。

表 4.4 英汉语议论文中确定性立场标记使用频数表

英语		汉语	
立场标记	频数	立场标记	频数
really	13	不可避免地/绝对/不例外/必/总	24
as we all know	13	当然	22
show/mean/prove/depends on	13	确实	19
certainly/sure/true	11	证明/取决/意味着	18
no doubt/ undoubtedly/ unquestionably	10	毫无疑问/不可否认	17
		其实	15
usually/ generally speaking/ generally	8	的确	14
clearly/obvious/obviously	8	众所周知/有目共睹/我们每个人都知道	12
of course	7	根本/完全	10
truth/fact/in fact	7	真正的/真的是/实在	10
always	5	自然	7
do/indeed	5	不能不说/可以说/可谓	7
inevitable/inevitably	3	显然/显而易见	5
no one can deny	3	真理/事实	4
admittedly	3	一般情况下/总的说来/整个的来说	4

从表4.4可知，在本研究语料里，英语议论文使用最为频繁的是
really、as we all know、show/mean/prove/depends on、certainly/sure/

true等。这些词语中有可置于句首的副词(组)如generally speaking、generally、obviously、as we all know、of course、in fact，也有用作谓语的动词如show/mean/prove/depends on，还有可以后接从句的名词如truth、fact，后接从句的形容词如true、certain、sure，还有位置灵活的副词如clearly、really、certainly、usually。而在汉语议论文中，对应的使用频率最高的是不可避免地/绝对/毫不例外/必/总、当然、确实、证明/取决/意味着等等。同样，这些词语中有可置于句首的众所周知/我们每个人都知道、毫不例外、毫无疑问/不可否认、当然、其实，也有用作谓语的证明/取决/意味着，还有位置灵活的根本/完全、真正的/真的是/实在、的确等。

可见，不论在语义类别上，还是在具体的语言形式体现上，中国大学生英汉语议论文在展开论述表达立场时，都表现出较高的相似性。

4.6 结语

本研究旨在对比中国英语学习者如何在英汉语议论文中建立和标记立场。我们分析了四个立场标记类别(即知识性、义务性、态度性和文本性)。通过统计和对比英汉语语料中各分类的使用频率，揭示中国学习者在英汉语议论文中建立自己的论述立场时在多大程度上有异同。我们发现，总体而言，英语议论文中立场标记的使用与汉语议论文有较高正相关性($r = 0.60$, $p < 0.01$)。具体而言，中国学习者在英语议论文中表达知识性中的确定性、义务性中的因果和能愿以及态度性中的评价时，与其在汉语议论文中的立场标记的使用有明显的相关性。同样，在文章结构的组织上，英汉语议论文中立场标记的使用也密切相关。

据此我们推论出，英语学习者在作文中投入过多的主观评价，而且进一步的分析也说明英汉语文章中有较多的字面翻译。这说明，母语确实在英语学习中有其影响。因此，立场标记策略的教学应根据不同语言习惯来进行，学生们应该学会特定语言的、不同于母语的词汇和用法，包括常用和不常用于该学科的词汇，以避免过多的或不足的词汇使用。正如Hyland所说，作者应该适当控制文章中的自我成分，才能使得论述具有说服力（Hyland 2005a）。

最后需要指出，在本研究所用的同题作文语料中，虽然很少见到学生整句翻译的现象，但不可否认在先后完成的同题作文中，会出现汉语立场标记被译成英文的情况。因此，本研究的结论仍然只是尝试性的。在今后的研究中我们会在语料收集时作更细致的设计。比如，可以首先进行英文作文，再进行汉语作文等。

第五章 语料库与衔接连贯研究[1]

5.1 引言

20世纪90年代以来，随着大量平行语料库、可比语料库的建立以及语料库分析技术的进步，语料库翻译研究取得长足发展，为Holmes（1972/2000）、Toury（1995）等人提倡的描写译学注入新的活力。基于语料库的描写翻译研究主张翻译语言是客观存在的语言变体，在翻译研究中具有合法地位。这种以翻译产品为导向的译学研究，通常采用由翻译文本和目标语原创文本构成的可比语料库作为分析数据。通过对比翻译语言和原创语言文本，可以发现和了解翻译语言的典型特征。

在过去的20多年间，语料库翻译学研究成果丰硕，业已成为我国语料库相关研究的核心领域之一（刘霞等 2014：75）。然而，现有基于语料库的翻译语言研究，多数仅限于考察词汇的运用，也有一定数量的研究涉及句法特征，但语篇层级的研究较为少见。文献中常见的翻译语言特征包括：高频词、低频词、型次比、词汇密度、词类、词长、句长、被字句、把字句、that/to省略等（参见Laviosa 1998；Olohan & Baker 2000；Olohan 2002；Xiao 2010；Xiao & Dai 2014；王克非、胡显耀 2008；肖忠

1　本章引自《基于可比语料库的翻译英语衔接显化研究》一文。本文原载于《外语与外语教学》2016年第6期94-102页。作者：许家金、徐秀玲。有改动。

华、戴光荣 2010等)。相关研究疏于探讨翻译语言的句法、语篇、语义、语用等维度，究其根本还是受制于当前的语料库分析技术。

本研究将基于由翻译英语和原创英语构成的可比语料库，运用自然语言处理领域的衔接连贯分析新技术，探究翻译英语在衔接方面的特点。这将有助于研究者在篇章层面重新认识翻译英语。

5.2 研究综述

5.2.1 衔接理论

衔接是语篇组织的基本手段，是语篇研究的核心议题，很多重要学者都作过深入探讨，如Halliday & Hasan(1976)、Hoey(1991)、胡壮麟(1994)、张德禄(2003)等。Halliday和Hasan在1976年出版的 *Cohesion in English* 一书中系统阐述了衔接的概念和机制。他们将衔接定义为"语篇中不同成分之间的语义关系"(Halliday & Hasan 1976：4)。衔接的实现需要依靠语法和词汇手段。因此，他们将衔接分为语法衔接和词汇衔接两大类，其中语法衔接又可分为照应、替代、省略和连接；词汇衔接包括词汇复现(如重复、同义词、上下义词、概括词)和搭配。Hoey(1991：10)进而指出词汇衔接是篇章组织的主导方式。他认为语篇衔接研究在很大程度上是对语篇词汇模式(patterns of lexis in text)的发掘。Hoey(1991：51-74)将语法衔接和词汇衔接都理解为词语在语篇中的复现(repetition)。由这种词汇复现形成的前后照应，他称为复现链(repetition link)。复现链体现出的语篇词汇模式是实现篇章组织模式(texture)的关键。Hoey所谓的语篇词汇模式指语篇中的任何两个相邻或间隔的句子，只要共享一定比例的词项，它们之间就建立起某种语篇联系。整个语篇通过这种复现链达成连贯。

5.2.2 翻译语言衔接研究

很多研究者积极地将语篇理论引入翻译学领域。Newmark（1987：295）曾指出，语篇分析应用于翻译研究，衔接理论是其中的最有用者。有关翻译文本衔接特征的研究，大多是基于某些特定作品，论证时只是援引个别例证。例如，Blum-Kulka（1996：300）基于英语—法语、英语—希伯来语的一些翻译实例，发现译者对原文进行阐释的过程会导致译文比原文冗长，这一冗余现象很大程度上表现为译文在衔接上的明晰化。Blum-Kulka据此提出"显化假设"（explicitation hypothesis），后来作为首要子假设被Baker（1993：243）纳入"翻译共性假设"（translation universals）。然而，语料库翻译学领域系统考察翻译语言衔接特征的量化实证研究并不多见。以往相关研究大多聚焦于语法衔接中的连词和人称代词，分属Halliday & Hasan（1976）衔接理论中的连接和照应。例如，Puurtinen（2004）对比了翻译和原创芬兰语儿童读物中连词的使用情况，发现两者没有显著差异；Chen（2006）开展了基于科普读物语料的连词研究，结果表明汉语译文中连词的使用频率高于汉语原创文本；许文胜、张柏然（2006）发现英语名著汉译本中因果关系连词的使用频率不仅高于英语原文，而且远远高于汉语原创小说。另一些研究考察了译文中的人称代词，如黄立波（2008），王克非、胡显耀（2008），任小华（2015）的研究结果均表明，汉语译文中人称代词的使用频率要高于汉语原创文本。

不难理解，大抵是表层语言特征较易提取的缘故，先前的研究主要关注语法衔接手段。而词汇衔接依靠的则是篇章内部词语之间的语义关联（如同义词、上下义词等），属于深层次的语言特征，很难自动挖掘。可喜的是，现有的自然语言处理技术对于词汇衔接的挖掘已取得长足进步。譬如，在线文本分析工具Coh-Metrix很大程度上已能对文本的词、句、篇、义等多维特征进行自动分析。合理利用此类技术，可以有效推进对翻译语言特征的观察。本研究拟借助Coh-Metrix 3.0，通过对比翻译英语和原创英语，考察翻译英语的语篇衔接特征，并回答如下研究问题：

(1)翻译英语呈现出怎样的衔接特点？

(2)翻译英语的衔接特点与翻译共性研究中的显化假设是怎样的关系？

(3)翻译英语衔接特点的产生，具有怎样的语言学和翻译学动因？

5.3 研究方法

5.3.1 衔接分析工具和指标

本研究将采用Coh-Metrix 3.0作为考察翻译文本衔接特征的工具。Coh-Metrix是美国孟菲斯大学Danielle McNamara等人开发的在线文本分析工具。该工具综合了心理语言学、计算语言学、语料库语言学、信息检索等多个学科的研究成果，如CELEX词汇数据库、MRC心理语言学数据库、词网(WordNet)、潜在语义分析(Latent Semantic Analysis,简称LSA)等。其中，词网可提供词汇的同义性、上下义等词汇语义信息。潜在语义分析能捕捉文本内不同部分间的语义关联性。它的工作原理是利用奇异值分解(singular value decomposition)的方法，对文本词频矩阵进行降维简化，构造出由100—500个维度构成的语义空间，然后对代表语言单位(词、句、段、篇)的空间向量进行对比，通过两个向量间的余弦值计算出两种语言单位之间的语义相似度(参见Landauer *et al.* 1998：53)。McNamara *et al.* (2007：380)研究发现潜在语义分析可以有效测量语篇衔接。据设计者介绍，开发Coh-Metrix的初衷就是测量文本的衔接特征，其中的Coh是cohesion一词的缩略(McNamara *et al.* 2014：18)。

目前Coh-Metrix 3.0版分析系统可提供106项语言特征量化指标。用户访问http://www.cohmetrix.com网站，在页面上粘贴英语文本，可获得并保存文本特征的量化数据。本研究选取了其中与衔接相关的25项指标，并根据Halliday & Hasan（1976）的衔接理论，将他们分为语法衔接（12项）和词汇衔接（13项）两大类。各项指标类型见表5.1。

表 5.1　Coh-Metrix 3.0中测量文本衔接性的指标

衔接类型	衔接指标	衔接类型		衔接指标
语法衔接	各类人称代词总数 第一人称单数 第一人称复数 第二人称 第三人称单数 第三人称复数 各类连词总数 因果连词 逻辑连词 转折/对比连词 时间连词 附加连词	词汇衔接	局部	相邻名词重叠 相邻论元重叠 相邻词干重叠 相邻实词重叠 相邻句子间LSA
			整体	名词重叠 论元重叠 词干重叠 实词重叠 WordNet动词重叠 LSA动词重叠 所有句子间LSA 段落间LSA

　　Coh-Metrix 3.0提供的语法衔接指标又可分为人称代词和连词两类。人称代词表示照应关系，包括第一、第二、第三人称，其中以第三人称的篇章照应功能最强。人称代词具体指标包括：各类人称代词总数、第一人称单复数、第二人称、第三人称单复数；Coh-Metrix 3.0结果中会报告多种不同的连接手段，它们具有明示两个语段间逻辑关系的作用。本研究选取了六项与连词有关的指标：各类连词总数、因果连词（如because、so）、逻辑连词（如and、or）、转折/对比连词（如

although、whereas)、时间连词(如before、until)、附加连词(如and、moreover)。以上人称代词和连词指标都使用以每千词为基准的标准化频率。

词汇衔接指的是"语篇中出现的一部分词汇互相之间存在语义上的联系，或重复，或有其他词语替代，或共同出现"(胡壮麟 1994：112)。如5.2.1节所述，Hoey指出词汇复现是词汇衔接的重要形式。Coh-Metrix 3.0中有多项指标可以衡量词汇的重叠程度。按照重叠范围的广狭，可分为局部和整体两类词汇重叠，前者指相邻句子间存在的词汇重叠，后者则指段落或篇章内任何两个句子之间存在的词汇重叠。其中，局部词汇重叠包括相邻名词、论元、词干、实词重叠(McNamara *et al.* 2014：63-65)。相邻名词重叠指共享一个或多个同形名词的相邻句对占句子总数的比例。例如，在A *cell* is the smallest unit of life. Some organisms consist of a single *cell.* 两个句子中都含有cell一词，因此两句存在名词重叠的情况。相邻论元重叠不仅包括相邻句子之间的名词重叠，还包括代词重叠以及名词和代词互指(co-reference)的情况。相邻词干重叠指的是相邻句子中出现词干相同的词，如solve/solution。相邻实词重叠的计算方法是相邻句共享实词占总实词数的比例。与局部词汇重叠类似，整体词汇重叠也涵盖名词、论元、词干、实词重叠，只是把重叠范围扩展到段落或篇章内的任意两个句子。此外，整体词汇重叠指标还包括WordNet动词重叠和LSA动词重叠，用于考察动词在文本中的复现程度。如果两个动词属于WordNet定义下的同一个同义词集(synonym set)，则存在WordNet动词重叠。LSA动词重叠程度则是用两个动词对应向量之间的余弦值表示(McNamara *et al.* 2014：69)。

除了词汇重叠指标，Coh-Metrix 3.0还提供测量句子或段落之间语义相似度的LSA数值。上文提到，LSA是测量语篇衔接的有效方法。LSA之所以能够测量衔接，在于它不仅能考察词汇复现(重复、同义词、上下义词等)(Foltz 2007：181)，还能根据词项使用语境的相似性来推测词项之间的语义相似性（McNamara *et al.* 2014：53）。这两种方式大致对应于Halliday & Hasan（1976）词汇衔接中的词汇复现和搭配。Coh-Metrix 3.0中有三项指标测量句子或段落间的LSA值。LSA计算的是相邻句子之间的语义相似度，用余弦值表示。若余弦值接近1，则表明两个句子之间的语义相似度极高，可以判定两个句子讨论的是相同或相近的命题，自然也表现出很强的内容衔接和连贯。所有句子间LSA指的是文本内所有句子之间的余弦均值，可以测量篇章内所有句子之间的衔接。段落间LSA指的是同一文本内不同段落之间的余弦均值，可以表示段落之间的语义相似度。

以上指标可以考察文本的语法衔接和词汇衔接，其中后者又可分为局部和整体词汇衔接。本研究将利用这些衔接指标，考察翻译英语的语篇衔接特征。

5.3.2　研究语料

本研究所用语料为一对翻译英语–原创英语可比语料库。其中的汉英翻译英语文本采集自"马可波罗翻译项目"（The Marco Polo Project），共计88,177词。"马可波罗翻译项目"成立于2011年5月，该项目致力于将汉语时文、社论译成英文。其总部设在澳大利亚墨尔本，它是以英语本族语者为主要译员的公益性组织。近两年该项目招募了较多的以汉语为母语的译者。该项目网站有其规范的译文质量控制流程。读者可访问http://marcopoloproject.org了解详情。原创英语文本取自Crown语料库（Xu & Liang 2013）的B类和C类文本，共计90,312词。两库均收纳社论等评论性文章，发表年份在2008年至2014年之间。可见，两库在体裁、产生时间、规模等方面具有很好的可比性，这为本研究考察翻译英语的衔接特征提供了语料基础。虽然所用语料只有约20万词，但本研究考察的是语法和词汇衔接手段，包括人称代词、连词和各类实词，不是小概率语言特征。因此，本研究所用语料足以实现对翻译英语衔接特征的细致考察。

5.4 数据分析

本研究利用Coh-Metrix 3.0在线采集两个语料库中的25项衔接指标数据，之后将数据导入SPSS统计软件进行独立样本 *t* 检验，以对比翻译英语与原创英语在各项衔接指标上的异同，统计结果见表5.2。

表 5.2　翻译英语文本与 Crown（B–C）原创英语文本的衔接特征对比

衔接类型	衔接指标	马可波罗均值	Crown（B–C）均值	*t* 值	*p* 值
语法衔接	各类人称代词总数	63.84	44.23	4.62	0.00
	第一人称单数	14.83	3.20	4.03	0.00
	第一人称复数	6.14	5.08	1.04	0.30
	第二人称	6.92	3.10	3.14	0.00
	第三人称单数	9.35	11.92	-1.42	0.16
	第三人称复数	14.16	9.49	3.70	0.00
	各类连词总数	92.55	81.10	5.30	0.00
	因果连词	23.35	24.61	-1.16	0.25
	逻辑连词	42.33	34.81	5.28	0.00
	转折/对比连词	19.77	15.01	5.18	0.00
	时间连词	18.39	15.15	3.32	0.00
	附加连词	50.55	42.30	4.81	0.00

（待续）

（续表）

衔接类型	衔接指标	马可波罗均值	Crown（B-C）均值	t 值	p 值
词汇衔接	相邻名词重叠	0.31	0.34	-1.44	0.15
	相邻论元重叠	0.45	0.46	-0.41	0.68
	相邻词干重叠	0.40	0.42	-0.98	0.33
	相邻实词重叠	0.09	0.06	5.58	0.00
词汇衔接	相邻句子间LSA	0.16	0.16	-0.25	0.80
	名词重叠	0.22	0.27	-2.91	0.00
	论元重叠	0.35	0.38	-1.48	0.14
	词干重叠	0.31	0.35	-2.19	0.03
	实词重叠	0.06	0.05	4.50	0.00
	WordNet动词重叠	0.51	0.47	2.73	0.01
	LSA动词重叠	0.09	0.06	6.25	0.00
	所有句子间LSA	0.14	0.16	-2.28	0.02
	段落间LSA	0.36	0.28	5.10	0.00

　　如表5.2所示，翻译英语与原创英语在总共25项衔接指标中有17项指标存在显著差异。这表明相对于原创英语，翻译英语具有独特的语篇衔接特点。在六项人称代词指标中，有四项指标，即各类人称代词总数、第一人称单数、第二人称、第三人称单数的使用在翻译英语中显著高于原创英语，第一人称复数、第三人称单数两项指标在两库中无显

著差异。以上数据显示，英语译文中明显存在多用人称代词的倾向，但译文中的代词使用并未引起非常明显的衔接显化现象。这是因为按照 Halliday & Hasan（1976：48）所指出的，第一人称和第二人称经常用于外指照应，即指向情境中的说话人或听话人，一般不具有语篇内部的衔接功能；而第三人称代词具有内在的语篇衔接功能。表5.2的数据显示，英语译文中第三人称代词只有复数形式显著多用（见例1，例句均取自"马可波罗翻译项目"语料），因而对于提升翻译英语的衔接性所起的作用较为有限。

（1）第三人称复数形式多见于英语译文，见下文斜体单词，后同。

[原文]孩子是被动的，在哪里出生，在哪里上学，都是父母为自己做的规划。

[译文] Children are passive. Where *they* are born, where *they* go to school — *these* are decisions that parents make for *them*selves.

然而，语法衔接显化趋势在连词指标中体现得十分明显。除因果连词外，几乎所有连词都在译文中更为常用（见例2）。

（2）英语译文添加转折和逻辑连词。

[原文]查理在北京的时光是快乐的，有时查理也会想念家人，想念故乡。

[译文] Charlie is having a happy time in Beijing, *but* sometimes he misses his family *and* his hometown.

因此，与原创英语相比，汉译英翻译英语在语法衔接方面，集中表现为显著多用各类连词。

词汇衔接方面，总体上，相邻句间的局部词汇衔接在翻译和原创英语中使用情况接近，仅有相邻实词重叠一项在翻译英语中高于原创英语(见例3-5)。

（3）英语译文中相邻句名词短语重叠。

　　［原文］人的存在不仅是肉体的存在，也是精神的存在。相对于精神的存在，人们更容易感受到肉体的存在，人之区别于动物，在于人不仅被动地感受……

　　［译文］People's existence is not just a physical *existence*, it is also a spiritual *existence*. In relation to the spirit, *people* feel their physical *existence* more easily, but the difference between *people* and animals lies in that *people* don't only experience things passively…

（4）英语译文中相邻句副词重叠。

　　［原文］这座城市控烟之所以成功，就在于动真格。动不动真格，效果真的不一样。政府动真格，市民才可能真格。市民动真格，法规才可能有效实行。

　　［译文］Smoking control in the city is so successful because actions are *really* taken. Whether actions are *really* taken or not will lead to different results. If the government *really* acts, then the public may *really* act too. And if the public *really* act, then regulations are *really* implemented.

全篇范围的整体词汇衔接指标则呈现多样化趋势。翻译英语比原创英语较少使用名词重叠和词干重叠，而更多使用实词重叠、WordNet和LSA两类动词重叠。需要指出的是，名词重叠和词干重叠考察的是句间是否存在词汇重叠。要么存在，要么不存在，是非此即彼的关系。实词重叠计算的则是两个句子之间相同实词数量占总实词数的比例，是程度高低的问题。再者，实词重叠考察范围更广，涵盖名词重叠和词干重叠，所以实词重叠更能反映语篇中词汇复现的程度。因此可以初步得出，翻译英语在篇章层面词汇重叠程度要高于原创英语。整体词汇衔接中，另有两项指标涉及 LSA。翻译英语的所有句间 LSA 数值均低于原创英语，而其段落间 LSA 数值则均高于原创英语。这说明与原创英语相比，翻译英语所有句子间的语义相似度偏低，而段落间的语义相似度偏高。这进一步说明，汉译英翻译英语整体上表现出更大程度的实词复现和段间词语重叠。而且从双语例句中可以很容易地看出，实词复现的显化方式受汉语原文表述影响很大。

综上所述，翻译英语较原创英语在语法衔接和词汇衔接方面，都表现出显化特征。其中语法衔接方面，以连词的使用最突出。这在以往的研究中多有涉及并证实。而词汇衔接显化情况略为复杂，但总体表现为翻译英语衔接程度更高，且以实词在篇章中的重叠最为显著。

5.5 讨论

5.5.1 翻译英语的衔接特点与显化假设的关系

如前所述，显化假设最早由 Blum-Kulka（1996）在探讨翻译文本衔接特征时提出。可见，译文衔接特征与显化假设关系密切。根据柯飞（2005：306）的观点，显化可分为形式显化和意义显化。他指出，"显化（以及隐化）不应只是狭义地指语言衔接形式上的变化，还应包括意义上的显化转换，即在译文中增添了有助于译文读者理解的显化表达，或者说将原文隐含的信息显化于译文中，使意思更明确，逻辑更清楚"（柯飞2005：306）。在柯飞看来，衔接手段只是一种形式上的显化。不过按照 Halliday & Hasan（1976）的界定，衔接手段应包括语法衔接和词汇衔接两类。语法衔接程度高属于形式显化无疑，但词汇衔接程度高不能简单看作是形式上的显化。词汇衔接指的是语篇中一部分词汇互相之间的语义关联。英语译文的词汇衔接程度高于原创文本，虽然译文中不一定添加有助于读者理解的注解，但通过词汇复现等方式，译文内部词汇之间的语义联系更加外显。因而，译文的词汇衔接程度高可以看作是意义上的显化。所以，衔接显化包含形式显化和语义显化两个维度。在本研究中，前者对应的是语法衔接，后者对应的是词汇衔接。

5.5.2 翻译英语衔接特点的语言学及翻译学动因

汉译英英语译文中人称代词和连词两种语法衔接手段的使用频率高于原创英文，应与汉英语言类型差异有关。主语、宾语省略是汉语的一大特点。吕叔湘（1999：8）指出："汉语里可以不用人称代词的时候就不用；即使因此而显得句子结构不完整，也不搞形式主义"。根据赵世开（1999：18-19）的统计，从汉语原文到英语译文，各类人称代词均有增加。再来看汉英两种语言中连词的差异。英语重形合，借助语言形式手段（如连词）实现词语或分句的连接，表达逻辑关系；而汉语重意合，词间或句间关系不使用语言形式手段，而通过词语或分句的含义表达（连淑能 1993：48-49）。因而在汉英翻译中，往往会添加连词，使汉语原文中的隐性关系在英语译文中明晰化。此外，这种显化现象也可能是翻译本身固有的特征，是翻译中介活动采取的普遍性策略（Blum-Kulka 1996：300）。

翻译英语中词汇衔接程度高于原创英语，主要体现为翻译英语中词汇重复度较高。这其中或许也存在英汉语差异的动因。连淑能（1993：173）指出："除非有意强调或出于修辞的需要，英语总的倾向是避免重复"，英语会"尽量采用替代、省略和变换等方法来避免无意图的重复"。英语译文中词汇重复程度高，很可能是受汉语原文的影响，即所谓的"源语渗透效应"（SL shining through，Teich 2003：22）。这种现象也可能与译者水平有关。"马可波罗翻译项目"虽然有其规范的译文质量控制流程，但总体上说，多数译员并非职业译员，翻译过程中可能受汉语原文的影响更大一些。本研究发现的实义词重复现象，很可能还与译文中多用高频词和泛义词(许家金 2016)有关。译文中为数众多的高频、泛义词使词汇复现程度更高，因而引发词汇衔接显化。

5.6　结语

本研究基于翻译英语–原创英语可比语料库，利用文本分析工具Coh-Metrix，考察了翻译英语的语篇衔接特征。先前研究大多集中于词汇、语法层面，语篇特征较为少见。本研究是基于语料库的英语译文语篇特征研究的一次积极尝试。

本研究的初步结论表明，英语译文多用代词、连词，且段落篇章层面词汇重复度高。这一方面有助于提高语篇的可读性，读者不必花费过多认知努力去推断句段间的关系。而另一方面，过多的词汇重复，特别是高频实词重复，表面看来可以加强篇章连贯，但英语译文的流畅度和地道性会有所降低。英语在作文遣词方面，主张用替代、同名异称等方法，避免单调枯燥，以求变换多样(连淑能 1993：184-185)。词汇语义层面的衔接显化表现出的翻译体(translationese)，更不易克服和改善。

本研究也不可避免存在一些局限。研究中所用语料规模尚需扩充，并尽量增加体裁以及收集译自不同源语的英语译文，从而对本文结论作深入验证。此外，本研究使用的文本分析工具Coh-Metrix 3.0只提供量化数据，适合考察文本语言特征的整体趋势，并不能让研究者解读语料原文的实际语言表现。下一步或许会通过话语分析的方法开展一些深入的案例分析，以精准定位语法和词汇衔接显化的真实语境（参见许家金、刘霞 2014），抑或像刘国兵（2013）研究中所开发的工具那样，辅助我们对衔接的词汇语法特征进行标注和分析。

希望本文所作的翻译语言衔接显化研究，对深入剖析翻译语言在各个语言学层面的特征有所启示。

第六章 语料库与语域变异研究[1]

6.1 引言

　　商务英语是专门用途英语（English for Specific Purposes，简称ESP）的子范畴，在我国经济生活、国际交往中地位至关重要。我国很多高校都开设了商务英语专业和课程，这对商务英语的科学研究现实意义重大。目前有关专用英语及商务英语的讨论多集中于课程教法改革。商务英语教学有别于其他专门用途英语教学，根本在于商务英语的语言特色，或者说语域特色。研究商务英语的语言学特征是探讨商务英语教学的前提。长期以来，相关研究多基于对商务英语个别语言特征（如用词、时态、情态等）的描述性统计分析，缺少基于大规模商务英语语料，全面考察商务英语语言特色的推断性和探索性的统计分析。本研究采用的"多特征/多维度分析法"（multi-feature/multi-dimensional analysis，简称MF/MD，也称"多维度分析法"或"多维分析法"，以下如无特别需要，将以"多维分析法"略称）十分有助于在大规模语料基础上揭示所研究文本的语域特征。英文文献中的style、genre、register以及中文文献中的"语体""体裁""语域""文体""语类"等近义术语，有人严格区分，有人混而用之。为避

1　本章引自《基于语料库的商务英语语域特征多维分析》一文。本文原载于《外语教学与研究》2015年第2期67-78页。作者：江进林、许家金。有改动。

免术语混淆，本研究不作区分，统一采用"语域"这一术语。按照Biber的定位，多维分析法的主要研究目标是为了探究"语域变异"（register variation）。这也是本研究采用"语域"这一术语的另一重要原因。

多维分析法由Douglas Biber在其1984年完成的博士论文中首创，后经改编扩充以《口语及书面语间的语域变异》（*Variation across Speech and Writing*）（Biber 1988）出版。多维分析法创制近三十年，已成为语料库语言学界进行话语分析的代表性方法之一。该方法的初衷是研究英语口语和书面语的语域变异（register variation）。其基本理念是语言形式特征和话语功能互为表里，这也是Halliday（1988：162）所说的"语域是一系列相互联系的、共现频率高于随机概率的语言特征"。由于以往的语域研究通常针对单一特征或少量特征，所以特征选择理据性不强。多维分析法在技术上带来了重大突破（McEnery & Hardie 2012：104）。通过这一方法，可以同时观察数十乃至上百个语言特征，并加以量化分析。多维分析法被用于不同语言的语域变异研究之中，比如有关小说、学术论文、私人信件、对话、演讲、工作面试语言、电视脱口秀等方面的研究（如Biber 1995，2006；Biber & Finegan 2001；Cao & Xiao 2013；McEnery *et al.* 2006；Sardinha & Pinto 2014；Xiao & McEnery 2005；Xiao 2009）。 由于多维分析法步骤较为繁复，其检索和统计技术上的难度制约了相关研究的开展。国内发表的相关研究数量总共不过十篇（桂诗春 2009；胡显耀 2010；雷秀云、杨惠中 2001；刘小燕、惠燕 2010；潘璠 2012a，2012b；武姜生 2001，2004；肖忠华、曹燕 2014），其中多数研究集中于学术语域。本研究尝试用多维分析法对商务英语语域进行分析，希望能从量化的角度观察多项语言特征是如何构建商务话语，并实现相应交际功能的。

6.2 研究综述

Biber（1988）对多维分析法有充分而清晰的表述。Biber基于LLC

（London Lund Corpus）英语口语语料库和LOB（Lancaster-Oslo-Bergen）英语书面语语料库，通过分析67个语言特征考察了口语和书面语及其十多个子语域的区别性特征。多维分析法涉及的67项语言特征原载于Biber（1988：73-75），有关各项特征的详解及计算方法，可参阅该书附录（211至245页）。相关信息还可从MAT软件的使用说明第13-31页了解。其主要步骤如下：首先分别统计出67个特征在各语篇中的频数，并折算为每千词标准化频率；在此基础上对数据进行因子分析，根据67个语言特征在相应语域中的共现情况计算出五到七个因子（factor），也就是多维分析法中的"维度"（dimension）。每个因子所含语言特征会有相应的因子载荷（factor loading）。载荷数值有正负之分，在分析时保留绝对值较大的特征（比如大于0.35），载荷值偏低的特征对整个因子贡献不足，因此舍去。被自动归入同一因子的语言特征在话语功能上往往具有相似性，这些典型"共现"于同类语域的语言特征可以有效地帮助研究者划分语域及语域次类。例如，过去时较多的语篇往往同时使用大量第三人称代词，因此这两个特征被因子分析并入同一功能维度，即"叙述性"维度。考虑到篇章长度不一，67个语言特征的原始频数需要标准化，所得的Z分数（Z-score）即为各语言特征在每个语篇中的因子分（factor score）。其计算公式为：（语言特征在语篇中的频次 – 特征在语域中的平均频次）÷特征在语域中的标准差。在此基础上进一步计算单个语篇乃至整个语域的因子分，最后可对该语域进行话语功能分析。

　　Biber将67个特征划分为七个因子或功能维度：维度一为"交互性与信息性表达"维度（involved versus informational production）；维度二为"叙述性与非叙述性关切"维度（narrative versus non-narrative concerns）；维度三为"指称明晰性与情境依赖型指称"维度（explicit versus situation-dependent reference）；维度四为"显性劝说型表述"维度（overt expression of persuasion）；维度五为"信息抽象与具体程度"维度（abstract versus non-abstract information）；维度六为"即席信息组织精细度"维度（online information elaboration）；维度七为"学术性模糊表达"维度（academic hedging)。各维度分别包括一组语言特征，一般既有正载荷特征（features with positive loadings，简称正特征），也有负载荷特征（features with negative loadings，简称负特征）。以第一个维度为例，正特征代表语篇中具有强互动性的语言特征，如第一人称代词、省略that的宾语从句、缩略形式、特殊疑问句等；负特征正好相反，是代表语篇"信息性"强的特征，如平均词长、类/形符比等。每个语篇的维度分等于该维度内正特征与负特征的因子分之差。如果只考虑两个维度，在一个包含x轴和y轴的二维空间内，一个语篇的位置就是这两个维度上所得分值的交叉点。Biber基于实际语料研究发现，第七个维度的数据较为稀疏，所形成的维度较其他维度单薄得多，因此，实际操作中往往舍去第七个维度。口语、书面语及其子语域在六个维度上构成一个连续统，而前五个维度则更为重要。

多维分析法已被用于比较小说、论文和私人信函（Biber & Finegan 1989）；对比对话、演讲和学术文章（McEnery *et al.* 2006）；分析学术语域（Biber & Finegan 2001；Kanoksilapatham 2003；Biber *et al.* 2007）、大学环境中的语言（Biber 2006）、工作面试语言（White 1994）、电视脱口秀（Connor-Linton 1989）等。

国内对多维分析法的引介（武姜生 2001；荣红 2007）和实证研究（桂诗春 2009；胡显耀 2010；雷秀云、杨惠中 2001；武姜生 2004）从2001年开始。研究的对象也仅限于通用学术语篇、学术邮件、中介语、翻译汉语等少数语域。譬如，雷秀云、杨惠中（2001）对上海交通大学科技英语语料库（JDEST）和LOB语料库进行了分析，发现学术英语注重信息传递、叙述性不强、指称有赖于情景、劝导性和即时性较弱，而小说正好相反。武姜生（2004）通过研究发现，学术交流邮件具有交互性和较明显的劝说性。桂诗春（2009）选取了46个语言特征对英语语言学语料库和通用英语语料库FLOB进行了系统比较，发现语言学学术论文与交互性语篇不同，以传递信息为主，具有抽象性、客观性、逻辑性、修饰性、紧凑性等特点。胡显耀（2010）探讨了汉语翻译和原创汉语的区别，结果发现多维分析法可有效区分文学和非文学、翻译和原创汉语。并归纳出翻译汉语的一些典型特征，如语法显化程度高，助词、介词、连词、代词等存在显化特征，高频词、习语、成语及汉语特有结构"被"字句、"把"字句等的使用较多。而本研究在前人的基础上，运用多维分析法对商务英语和通用英语及其语域子类进行对比，意在揭示商务英语语域的区别性语言特征和交际功能特色。这对其他专用英语研究及商务英语教学都将具有一定的启示。

6.3　研究方法

商务英语虽是专用英语的子类，如深入其内部，可知它仍然是相当宽泛的语域类别。商务英语可细分出诸多次语域，譬如公司报告、财经新闻、财经法律、商务信函、经济学术、名人演讲、政府文件等。

6.3.1　研究语料

本研究的商务英语文本系从对外经济贸易大学所建立的大型商务英语语料库中按分层随机方法抽取的两百万词子库。为反映商务用语的原貌，本研究未区分口语(保留了名人演讲稿)和书面语，抽取时尽量保持各子库比例均衡，同时不破坏文本的完整性。用于本研究的语料共2,060,063词，文本的出版时间为2003—2010年，其构成如表6.1所示：

表 6.1　商务英语语料库的构成

子库及代码	词数	商务英语语料库文本内容简况
公司报告（BG）	293,968	年度报告、营销方案和商业计划书
财经新闻（CJ）	277,894	新闻报道和社论，来自 *Business Week*、*The Economist*、*Financial Times* 等

（待续）

（续表）

子库及代码	词数	商务英语语料库文本内容简况
财经法律（FL）	295,100	公司合同和法律文书，来自 *Journal of International Business and Law*、*Journal of International Economic Law* 等报刊
商务信函（XH）	291,160	公司电邮、备忘录和各类信函
经济学术（XS）	304,285	经济类期刊论文和著作，来自 *Accounting, Business & Financial History*、*Decisions in Economics and Finance* 等
名人演讲（YJ）	303,016	美国中央银行、财政部、商务部的演讲、访谈、对话等稿本
政府文件（ZF）	294,640	政府公告、WTO文件等

本研究用作对比的通用英语语料库由英国英语BE06和美国英语ArE06两部分组成，共2,059,753词。这两个语料库由英国兰卡斯特大学Paul Baker创建，各约100万词，共1,000个书面语文本，每个文本约2,000词，出版于2003—2008年。语料库按布朗家族语料库的取样模式，具体包括15个子语域：新闻报道（A）、社论（B）、新闻评论（C）、宗教（D）、技能、商业和爱好（E）、通俗社会生活（F）、传记和杂文（G）、政府公文或工业报告（H）、学术论文（J）、一般小说（K）、侦探小说（L）、科幻小说（M）、历险和西部小说（N）、爱情小说（P）、幽默（R）。

6.3.2 研究工具

多维分析法在语言特征提取、频数整理、因子分析等操作技术上较为复杂。这给一般研究者开展多维分析带来很大的技术障碍。McEnery *et al.*（2006）曾提供了他们在多维分析中所使用的算法和程序包，给研究者提供了很大的便利。但该程序包只能提取58个特征，并且使用的词性赋码工具不同于Biber（1988），因此基于McEnery *et al.*（2006）的多维分析计算方法与Biber（1988）研究结论的可比性仍有一些差距。本研究采用Nini开发的工具Multidimensional Analysis Tagger 1.1（MAT）。该工具将Biber（1988）的文本标注、特征提取、数据统计等一系列烦琐的工作，全部复制实现并将操作自动化。该软件的词性赋码由内嵌的"斯坦福词性赋码器"（Stanford POS Tagger）完成，并进行了一定的优化。例如，否定形式从普通副词中划分出来，增加了不定代词（如anybody、anyone、anything）、　量　词（如each、all、every、many）等。MAT软件使用了Biber（1988）的67个语言特征和六个功能维度。Nini对MAT和Biber（1988）两种方法所得的分析结果作了比对，证实MAT可以有效复制Biber（1988）所提出的多维分析法全过程。

6.4　数据分析

MAT软件处理完语料后，会报告以下基础统计数据：标注码在每个文本中出现的每千词频率、每个语言特征在各个文本中的频数标准分（Z分数）、每个文本的维度分以及与Biber（1988：172）中所涉及语域的对比，并可报告与当前语料文本最接近的语域类型。这些数据被单独存储在文本文件中，可供研究者查看或进行其他统计分析。

由于维度分是经过标准化处理的数据（Z分数），笔者使用SPSS对两个语料库的维度分进行独立样本 *t* 检验。结果显示，商务英语和通用英语在四个维度上（"交互性与信息性表达"维度、"叙述性与非叙述性关切"维度、"显性劝说型表述"维度、"即席信息组织精细度"维度）具有显著差异（$p < 0.01$）（见表6.2），在第三个维度（"指称明晰性与情境依赖型指

称"）、第五个维度（"信息抽象与具体程度"）上没有显著差异。

表 6.2　商务英语和通用英语语料库的维度差异*t*检验

存在显著差异的维度	*t*值	自由度	Sig.	均差
维度一：交互性与信息性表达	20.905	2204.762	.000	7.02
维度二：叙述性与非叙述性关切	-22.857	4087	.000	-3.23
维度四：显性劝说型表述	28.351	3746.290	.000	4.27
维度六：即席信息组织精细度	10.600	3802.803	.000	0.72

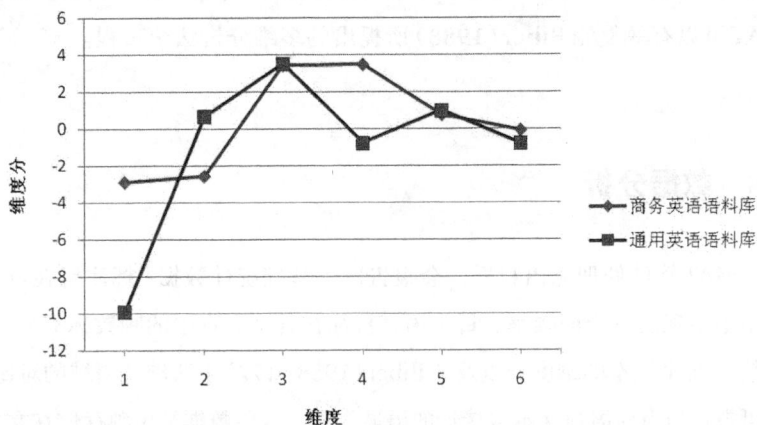

图 6.1　商务英语和通用英语语料库的维度差异

　　如图6.1所示，商务英语和通用英语在第一个维度上区别最大。虽然两者的维度分值都小于0，表明两种语域都注重信息传递。然而，若就两者的差别而言，商务英语比通用英语交互性更强，而信息性稍弱，这可能跟商务语域更注重交易的达成有关。因此，商务语域中有较多涉及推销劝购、人际协商性质的话语。其中商务信函、产品发布会等就是此种语域的典型形式。商务英语在第四个维度上的分值也大大高于通用英语，可见其劝说性更明显。此外，商务英语在第六个维度（"即席信息组织精细度"）上的分值略高于通用英语，但似乎差别并不明显。而在第二个维度上，商务英语的维度分值却明显低于通用英语，因此对事件的叙述并非商务英语的典型特征。MAT软件最终汇报，商务英语属于互动性较强的劝说型语域（involved persuasion），而通用英语属于叙述说明型语域（narrative exposition）。

进而通过观察参与多维分析的各项语言特征发现，商务英语较多（Z分数大于2）使用第二人称代词（you、your、yours）和非限定性定语从句。通用英语使用最多的是联合短语（如social and political conditions）、that引导的关系从句和限定性定语从句。

通过独立样本 *t* 检验对两个语料库中的语言特征进行比较，发现具有显著差异的特征多达57个（超过85%）。表6.3呈现了差异最大的十个特征。

表6.3　商务英语和通用英语语料库中差异最大的十个特征

排序	特征	商务英语	通用英语	Sig.	差值绝对值
1	类/形符比	-4.42	0.82	.000	5.24
2	第二人称代词	2.16	-0.28	.000	2.44
3	预期情态	1.63	0.04	.000	1.59
4	不定式	1.69	0.22	.000	1.47
5	第三人称代词	-1.08	0.08	.000	1.16
6	that引导关系从句（在从句中作主语）	1.02	2.11	.000	1.09
7	第一人称代词	0.67	-0.35	.000	1.02

（待续）

（续表）

排序	特征	商务英语	通用英语	Sig.	差值绝对值
8	过去时态	-0.84	0.13	.000	0.97
9	过去分词短语	1.07	1.98	.000	0.91
10	联合短语	1.36	2.19	.000	0.83

从中可见：

第一，两个语域的类/形符比差异最大。商务英语的类/形符比为112.504，而通用英语为221.442，可见商务英语总体词汇密度有限，倾向于重复使用一些专门化的词汇。这与桂诗春（2009）对学术语域和通用语域的对比结果一致。

第二，商务英语中的第一、二人称代词多于通用英语，尤其是第二人称；而第三人称代词少于通用英语。I、me、you、your等词汇的使用明确揭示出商务英语的互动特色，尤其是名人演讲和商务信函［见例（1）（2）］。例1来自联合国秘书长潘基文于2007年发表的气候变化主题的讲话。句中使用了大量第二人称代词，拉近了演讲者和听众的距离。例2取自商务信函，作者使用our强调自己与对方的合作伙伴关系。与商务英语相比，通用英语中更多使用she、her、he、him、it等词汇，带有更强的叙事色彩［见例（3）］。

（1）I am gratified that so many of you have come to this event. By being here, you have signaled that you share my concern. And you are ready to act.

（2）OECD publications can be purchased from our online bookshop.

（3）Sometimes fans yawn and say they're bored by us killjoys moaning about it, even though they can't possibly be as bored as we are, …

第三，商务英语中使用的预期情态（predictive modals）表达远多于通用英语，包括will、would、shall等。这些词汇表达了对商务合作和交往前景的期待和展望，带有一定的劝说性［如例（4）（5）］。此外，商务英语大量使用不定式，以强化商务的目的性和劝导性［如例（6）］。

（4）The USPTO/Global Intellectual Property Academy is offering a programme that <u>will</u> focus on the challenges and procedural aspects of operating an efficient intellectual property office.

（5）If recognized in future periods, $882 thousand of the balance at December 31, 2007 <u>would</u> reduce the effective tax rate. The remaining $7.8 million relates to timing differences which, if recognized, <u>would</u> have no effect on the Company's effective tax rate.

（6）This international forum continually seeks <u>to promote</u> international cooperation and Intellectual Property Rights(IPR) training.

第四，that引导关系从句（在从句中作主语）在通用英语中的频次更高，往往用于对当前信息进行具体描述［见例（7）］。通用英语使用的过去时态更多，体现出明显的叙事性［见例（8）］。通用英语还大量使用过去分词短语，信息比较浓缩，具有一定的抽象性［见例（9）］。联合短语也频繁出现，其表义往往更复杂［见例（10）］。

（7）It was sung by old people wearing silly hats who churned out tunes which all sounded the same, with lyrics <u>that made you feel nauseous</u>.

（8）Earlier today I <u>found</u> myself sharing an elevator with one of the bellboys, and, to make conversation, I <u>asked</u> him whether they had any celebrities staying in the hotel.

（9）He recognised it as the famous Rosevale hair, <u>inherited from the first</u>

Baroness, centuries before, but not found in anyone on his side of the family.

（10）Each year, as both the mechanical designs and the artificial intelligence powering them improve, the players grow more lifelike and proficient.

进一步对商务英语和通用英语中的新闻和学术子语域进行对比，即财经新闻（CJ）与综合新闻（A、B、C）对比、经济类学术语域（XS）与综合类学术语域（J）对比。如图6.2所示，四个子语域在第一个维度上的表现最为突出，分值均远小于0，可见它们的交互色彩都偏弱，而信息传递功能更强。这符合新闻语域和学术语域的一般语言特征。

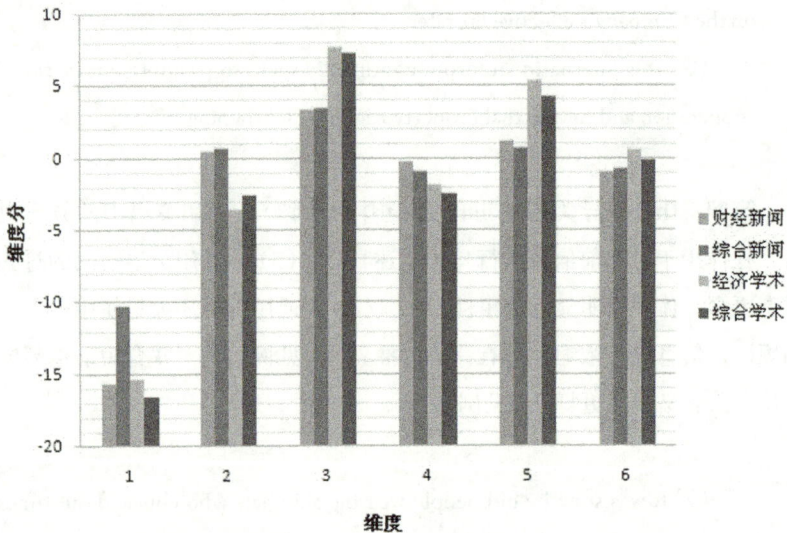

图 6.2　财经新闻与综合新闻、经济学术与综合学术语域的维度差异

独立样本t检验显示，财经新闻和综合新闻在第一、四、五个维度上具有显著差异。财经新闻在第一个维度上的分值远远低于综合新闻（MD = -5.37），而在第四、五个维度上的分值高于综合新闻（MD = 0.68, 0.46），可见财经新闻的交互性弱、信息性强、劝说性更明显、语言也更抽象。这基本符合人们的语感直觉。比如，财经新闻会经常报道经济走势、股市涨跌等较为客观的报道。其中经济类报道中的某些主观性成分，也往往是基于经济形势的预测或是专家劝导读者或听众作出投资等经济决策的话语。

两个子语域中具有显著差异的语言特征达49个（超过73%），可见财经新闻与综合新闻语言特征迥异。其中差异最大的特征见表6.4。财经新闻中多用的特征包括非限定性定语从句、名词（不包括名词化）、公共型认知动词（public verbs，如acknowledge、allege、report等）、其他状语从句（排除原因、条件、让步状语从句）、that引导的关系从句（在从句中作宾语）；综合新闻中使用更多的特征有普通并列结构（主要指and引导的从句）、第三人称代词、特殊疑问句。由于其他状语从句表现语域的抽象性（Biber 1988），可判断财经新闻的语言更为抽象，这与在第五个维度上的对比结果一致。不过，第一、二个维度上的情况比较复杂。根据Biber（1988）的分类，非限定性定语从句、普通并列结构、特殊疑问句是第一个维度中代表"交互性"的特征，而名词代表的是连续统另一端的"信息性"。按照该标准，我们难以判断财经新闻（非限定性定语从句非常多，名词更多）和综合新闻（普通并列结构和特殊疑问句更多）的信息性哪个更强。可见，在语域的大类上，通过多特征、多维度的分析能够相对清晰地从宏观上区分出商务英语和通用英语。然而，具体到一些子语域，则呈现出并非清晰、整齐的画面，而是经常出现交叉和杂糅的情况。这从侧面也说明了多维分析法的优势，特定语域是多特征和多维度共同作用的结果，单凭少量语言特征很难对特定语域作全面的描写和定性。

表 6.4   财经新闻和综合新闻中差异最大的八个特征

排序	特征	财经新闻	综合新闻	Sig.	差值绝对值
1	非限制性定语从句	6.23	2.56	.000	3.67
2	名词	3.42	2.09	.000	1.33
3	公共型认知动词	1.15	0.09	.000	1.06
4	普通并列结构	-0.2	0.71	.000	0.91
5	第三人称代词	-0.77	0.08	.000	0.85
6	特殊疑问句	-0.13	0.66	.000	0.79
7	其他状语从句	1.28	0.55	.000	0.73
8	that引导的关系从句(在从句中作宾语)	1.04	0.48	.000	0.56

　　进一步对经济类学术语域和综合类学术语域两个子语域进行比较后发现：独立样本t检验显示，两个子语域在第一、二、六三个维度上具有显著差异。经济类学术语域在第一、六两个维度上的分值高于综合类学术语域（MD = 2.5，0.94），而在第二个维度上的分值低于综合类学术语域（MD = -0.87）。可见同样是学术类语域，当以信息传达为主要特征时，经济类学术语域总体上较综合类学术语域交互性略强。

　　两个子语域中具有显著差异的语言特征共22个(约占33％)，其中差异最大的特征见表6.5。相对于两类新闻子语域的差异，经济类学术语域和综合类学术语域之间的差异要小得多。经济类学术语域中使用更多的特征有：连词、that引导的关系从句(在从句中作主语或宾语)、表示时间和结果等的状语从句、条件状语从句、动词现在时；综合类学术语域中使用更多的特征有：联合短语、让步状语从句。结合图6.2可以发现，学术话语通常都具有抽象度和概括性(经济类学术语域和综合类学术语域的第五个维度分值均远大于0)。此外，that引导的关系从句(在从句中作主语或宾语)在经济类学术语域中出现更多,这有助于更详尽地表述信息。经济类学术语域的交互性(如多用现在时)和劝说性(如多用条件状语从句)也略高于综合类学术语域。

表 6.5　经济类学术语域和综合类学术语域中差异最大的八个特征

排序	特征	经济学术	综合学术	Sig.	差值绝对值
1	连词	3.95	3.21	.021	0.74
2	that 引导的关系从句(在从句中作宾语)	0.72	0.03	.000	0.69
3	联合短语	2.80	3.46	.036	0.67
4	让步状语从句	0.13	0.78	.001	0.65
5	表示时间和结果的状语从句	1.03	0.41	.014	0.62
6	条件状语从句	-0.10	-0.69	.000	0.59
7	动词现在时	-0.58	-1.16	.000	0.58
8	that 引导的关系从句(在从句中作主语)	2.47	1.91	.000	0.56

6.5　结语

本研究表明,多维分析法可以有效区分商务英语和通用英语语域及其子语域。总体而言,商务英语呈现更高的交互性(如多用第一二人称代词)和较强的劝说性(如多用预期情态表达、动词不定式);而通用英语则体现出更多的信息性(如多用名词短语、过去分词短语)和明显的叙事性(如多用第三人称代词、动词过去时)。超过85%的语言特征在两大语域中存在显著差异。具体来看,财经新闻与综合新闻相比,交互性很弱,信息性极强(如名词使用更多);劝说性也更明显,语言更抽象(如多用时间、结果状语从句)。这或许可理解为,财经新闻属专业新闻,技术性报道较多,专业性术语更常出现。综合新闻则需兼顾政治、经济、科技、军事以及市井生活、娱乐八卦等。超过73%的语言特征在这两个子语域中的频率都具有显著差异。与综合类学术语域相比,经济类学术语域的交互性略强(如现在时态稍多),对当前信息的描述更为详细(如多用that引导的关系从句),叙事性稍弱。这两个子语域中约33%的特征具有显著差异。

对于商务英语的语域研究有助于降低目前商务英语教学大纲中有关语言能力要求描述的主观性。多维分析法从总体上揭示出了商务英语的互动性、劝说性和专业性特色。这些话语功能特色又涵盖一系列具体的词汇语法特征。据此对商务英语课程设置、测试评估(王立非、江进林 2011)和课堂教学实践都可以找到相应的实证基础,从而改善现有的商务英语教学。从学生以及教材开发者的角度,也十分有必要充分认识到商务英语的语域和词汇语言特色。其他类型的专门用途英语的研究和应用,显然也可借鉴本研究介绍的多维分析法。

最后,本研究因为基于MAT多维分析工具,其结果受限于Biber (1988) 所考察的67个特征,我们没有根据商务英语语域的特点调整相应的语言特征,因此反映的结果有其局限。Biber *et al.* (2004) 在对TOFEL口笔语语料库进行分析时使用了90个特征,Biber (2006) 对大学环境中的语言 (教材、学术讲座等) 进行研究时使用了129个特征。今后的研究最好能按照语域选择更多更具针对性的词汇语法甚至语义特征进行多维分析。此外,多维分析法最初用于比较口、笔语的区别,但已被扩展至研究语体正式度等方面的变异,今后可以使用商务英语语料重新进行因子分析并界定功能维度,其研究结果将更具有针对性。

| 第七章 | **体裁短语学与词典研编**[1] |

7.1 引言

词典编纂在语言研究和实践中历史悠久。市面上所见的词典品类繁多，然而，就词典编纂理念和方法而言，其创新性思路并不如语言学领域多，且多是对语言学领域新理论和新方法的借鉴和应用。本研究尝试提出"体裁短语学"的语言描写方法，并将其用于双解型医学英语学习词典的编纂。

7.2 研究综述

7.2.1 英语学习词典的研编

据Cowie（1999：33）考证，学习词典的编纂始于West & Endicott（1935）的 *A New Method English Dictionary*（《新方法英语词典》）。然而，Cowie未注意到同年出版的 *The Thorndike-Century Junior Dictionary*（《桑代克-世纪少儿词典》）（Thorndike 1935）同样具有开创意义。这两本词典的共性是对词汇难度的控制，包括对词目的筛选和词条释义用

1　本章引自《体裁短语学视角下的医学学术英语词典研编》一文。本文原载于《外语与外语教学》2017年第6期56-64页。作者：许家金。有改动。

词的控制。这反映了20世纪20、30年代语言教学界的"词汇控制运动"（Vocabulary Control Movement）思潮（Cowie 1999：14-25）。这项运动对语言教学，特别是外语教学意义深远，它在选词、释义方面主张频率优先原则，在学习词典中尽量采用常用词注解词条，总收词量也依频率高低裁定。两本词典在编写之前都创建了语料库，并以人工方式统计出词频。West & Endicott（1935）的最大创新在于选定了1,490个常用词作为释义用词。Thorndike（1935：iii-iv）还在每个词条后以斜体数字1、2……20标示该词语的频段，即第一个1,000词，第二个1,000词……第20个1,000词的频率区间，说明该词汇的常用程度。在义项排列方面，Thorndike（1935：iv）指出应优先考虑常用义、基本义，而罕用义和比喻义应排在后面，而不是严格采用词义衍生的历史先后原则。这些八十多年前词典编纂所采用的理念，可以说是后继学习词典编纂的先声。

此后的代表性学习词典有Hornby等人于1942年主编的*Idiomatic and Syntactic English Dictionary*（《英语短语及句法词典》）和Sinclair于1987年主编的*Collins COBUILD English Language Dictionary*（《柯林斯COBUILD英语词典》）等。前者独占英语词典市场数十年（田兵 2007：63；章宜华 2015：7-8），其突出创新在于归纳出25种动词句型（verb patterns），将词汇用法规律置于短语句法框架内，起到辅助词汇语法知识学习的作用。这一理念是对Palmer（1938）"词汇语法"（a grammar of words）的提炼和应用。而《柯林斯COBUILD英语词典》(以下简称《柯林斯》)则是较为全面贯彻语料库驱动原则的学习词典。

7.2.2　专用英语学习词典的研编

前文涉及的是通用语文型英语学习词典。以下重点探讨的是专用型学习词典，特别是医学词典。根据《中国辞书发展状况报告（1978—2008）》(魏向清等 2014：169)统计，改革开放以来，专科、专项类辞书的出版在初步发展期（1978—1987）、快速发展期（1988—2000）以及平稳发展期(2001—2008)中，始终占据五成以上的比重。而我们注意到，相对于蓬勃发展的专用词典出版状况，专用词典编纂的理论研究明显不足。

在魏向清等(2014)的统计中，医学英语词典在众多专科门类中，数量和种类一直列于第一或第二位。然而，目前所见的医学英语词典多为双语术语汇编，即英文医学术语配以汉语对等词。医学英语作为专用英语，其术语反映了医学同其他学科的知识差异，自然极为重要。术语汇编的价值不言而喻。甚至有学者指出"术语学是专科词典编纂的学科依托"(郑述谱 2008)，但是术语在各自专门领域内具有单义性，对于学习者而言，只需硬性识记即可。

在学术英语中，还有相当数量的常用词汇介于准术语和通用词汇之间，也应是医学专业学生必学必会的。这些医学词汇数量可观，使用频率高，其中很多义项丰富，使用场景广泛。这些词语的医学义项，在通用词典中往往列在非常靠后的位置，在简明词典中则很可能并不出现。因此，语文词典对医学专业学生价值不大。例如，culture在语文词典中的主要义项是"文化"，而在医学文献中的首要意思是"培养(物)"，比如医学实验中培养的某类菌种。culture作动词，沿用此义，仍是"(菌种类)培养"的含义。因此对医学专业的学生而言，某种程度上"培养"义可先学，"文化"义可后学。再比如humor，通常为"幽默"义，在医学文献中则表"体液"义。其他学科的专业词汇情况类似，比如在结构工程力学文献中，stress意为"应力"而不是"压力(名词)；强调(动词)"(张济华等 2009：19)。这些专业义项若不掌握好，遇见此类常见词汇，则形同生词。

随着大量专用英语语料库的创建，借助相关语料库资源及方法，应能有效提高专用词典编纂的质量及效率。

7.2.3 体裁短语学

本研究尝试整合体裁分析理论和《柯林斯》所贯彻的短语学理念，提出体裁短语学方法，用于医学专科英语学习词典的编纂。

《柯林斯》在收词、义项排列、释义风格、释义词汇、例证等方面都全面采用了语料库研究理念，包括真实语言数据、频率优先原则、短语学理论视角等，即语料库研究的"用""量""器""聚"设计特征(许家金2014，2017a)。例如，《柯林斯》(第一版)的编写是基于730万词左右的英语口语和书面语语料。利用计算机抽取出拟收录词目的索引行。以下discourage一例即是取自《柯林斯》：

1　**discourage** ◆◆◇◇◇

2　[VB] If someone or something discourages you, they cause you to lose your enthusiasm about your actions.

3　*It may be difficult to do at first. Don't let this **discourage** you.*

4　[VB] To discourage an action or to discourage someone from doing it means to make them not want to do it.

5　*… typhoons that **discouraged** shopping and leisure activities.*

6　*… a campaign to **discourage** children from smoking.*

第一行所列为词目discourage以及黑白菱形符号，用以标明的频段信息。discourage为二星词，属中低频度词汇，既非极高频词，也非极生僻词。这样的菱形频段标记是依据其在语料库中使用频率确定的。

第二行和第四行所列为discourage的两个义项，即第二行的义项一"使气馁"和第四行的义项二"阻止"，这也是根据该词在语料库中出现频率的高低排出的先后。

第二行和第四行所采用的"整句释义法"，是以有限的词汇和句式(如if someone or something…)，将某一词语置于完整的语境之中，既解决了释义问题，又起到了词汇和句型学习的辅助作用。前半句是discourage的典型语境，后半句则是它的典型语义和语用含义。前半句偏重短语层面的语言结构，后半句偏重表义功能。两者形义一体，互为表里。

义项一的释义提示词典用户，discourage在这一义项下，主语可以是有生命的人（someone），也可以是无生命的事或物（something）。其典型的宾语是you这样的人称代词。其语义是对做某些事情（actions）失去积极性，其话语语用态度是一种消极的情绪。这一释义完整地呈现了Sinclair（2004）的短语学语言描写模式。

不同于其他一些词典，第三、五、六行的三个例证全都选自真实语料，而非编者自拟或改编。以第四行的义项二"阻止"为例，其释义前半部分表示这一义项在语言使用中有两种常见句型，即"阻止某种行为"（to discourage an action）和"阻止某人做某事"（to discourage someone from doing something）。第五六行取自真实语料的例证，与上述两种用法一一对应。可见，《柯林斯》的释义和例证，既明示结构运用特征，又包含语义注解。释义概括，例证典型。

discourage这一词条的微观结构充分体现了Sinclair的短语学理论，其创造性地将词法、句法、语义、语用融为一体。

《柯林斯》的这种基于语料库的短语学理论视角，也可以帮助我们有效挖掘并展示出真实医学学术英语的用法。再以culture医学专业义项为例，一旦将其置于典型的医学学术英语短语语境中，其义自见。比如culture medium/media、cell culture、embryo culture的典型搭配，就表示"培养基""细胞培养""胚胎培养"，而不是含有"文化"的义项。这即是短语学理念中构型（pattern）意义一元论（Sinclair 2004）的简明例证。

而从体裁分析角度看，我们可以通过对比医学英语和通用英语以及医学英语与其他学科的英语语料，分析得到医学英语不同于其他学科的语言特色。我们还可以在医学学术体裁内部观察研究论文、实验报告、综述动态类文章的语言特点，进而可以分析学术论文内部不同语步之间语言使用的分布情况。当然，还能分析不同国别研究人员语言使用情况的异同。这些都能有效拓展短语学分析的体裁维度。

7.2.4 研究目标

本研究设定的医学学术英语词典目标用户为中高级英语学习者,即已具备较好的通用英语词汇语法知识的医学专业学生或医学从业人员。

该词典定位于接受型语言技能的掌握,兼顾产出型语言技能的培养。借助该类型词典,用户应能通读国际医学专业英语学术期刊论文,经过进一步训练,应能逐步培养撰写医学专业英文学位论文或用于投稿的英语学术期刊论文的写作能力。

本研究讨论的医学学术英语词典研编完全基于实证研究,以下将简介用于本研究词典编纂案例分析的实证数据 —— MedAca 医学学术英语语料库 —— 的构成情况。

7.3 研究语料

本研究所用数据为"MedAca 医学学术英语语料库(临床医学子库)1.0"(Medical English Discourse of Academia)。本研究所用"MedAca 医学学术英语语料库(临床医学子库)"由福建医科大学外国语学院和北京外国语大学中国外语与教育研究中心共同创建。MedAca 语料库可通过 http://111.200.194.212/cqp/ 在线使用。该语料库当前规模约为 100 万词次,是 DEAP(Database of English for Academic Purposes)语料库的医学子库。MedAca 语料库的最终设计规模为 500 万词次。

MedAca 语料库采样按国务院学位委员会第六届学科评议组编制的《学位授予和人才培养一级学科简介》医学专业一级学科"临床医学"下的 18 个二级学科(儿科学、耳鼻喉头颈外科、妇产科学、急诊医学、精神病与精神卫生学、康复学、老年医学、临床检验诊断学、麻醉学、内科学、皮肤性病学、神经病学、疼痛医学、外科学、眼科、影像医学与核医学、运动医学、肿瘤学),分别收集各子领域影响因子位列前三至五名的国际学术期刊论文。对于综合类期刊,只取其医学相关论文。

MedAca 1.0语料库由PDF文本转换为纯文本格式后，按子学科和论文类别(研究、报告、综述等)分别命名，并对标题、摘要、引言、研究方法、发现、讨论、参考文献等语篇结构单位进行了标注，以便在后续医学词汇短语学研究时进行体裁分析。

本研究将在《柯林斯》编写思路的基础上，坚持以体裁短语学为方法论，展示医学学术英语学习词典宏观、微观结构的编写思路。

7.4　医学学术英语词典的宏观结构

词典的宏观结构主要指词典规模、收词原则、词目(又称"条首词")的确立、编写方针、栏目设计等。其核心是确定词目，且与词典规模和收词原则紧密相关。

《柯林斯》的规模、收词和词目都是基于通用平衡语料库的词频统计获得，即根据词典目标定位(大型或简明词典)按词频高低选取5万词、3万词或2万词等。就医学词典而言，不能简单地通过生成医学学术英语词频表确立词目，而应去除词表中的与医学学术无关的词汇，例如the、in、of等虚词，以及thing、people一类的通用名词。本研究利用语料库研究中的主题词方法，帮助剔除非医学词汇，从而获得医学体裁专属词汇。其做法是将100万词的MedAca语料库和1亿词的BNC进行对比，对比结果按照对数似然率降序排列，数值大于3.84(对应p值为0.05)的词汇有13,338个。排位第一的词汇是et。et在医学学术语篇中排位第一，其原因是et与al共同使用，表示"以及其他作者"(and others)，即多人合作成果。这在以实验科学为主的学科中十分普遍。排位第13,338位的词汇是strengthening。按这一结果，(临床)医学学术词典的收词规模可考虑在1万词上下。这些词汇是相对于通用英语显著多用的词汇。通过主题词方法，可以自动排除掉医学英语和通用英语都高频出现的the一类的单词。还可采用关键主题词（key keywords）的方法得到多个医学二级学科都比较常用的词汇。表7.1为医学体裁中位列前20位的主题性词汇，其中剔除了由单个字母构成的单词。

表 7.1 （临床）医学学术英语词汇表（排序前 20 位）

医学学术词汇	对数似然率	医学学术词汇	对数似然率
et	37337.74	studies	5041.84
al	35940.61	cells	4635.54
patients	15090.23	retinal	4597.10
study	9008.82	treatment	4482.36
pain	8635.55	surgery	4390.12
imaging	8277.30	data	4343.41
clinical	8217.32	muscle	4277.49
cancer	6675.92	analysis	4057.53
tumor	6275.77	brain	3742.11
disease	5765.84	chronic	3721.26

这些词汇较好地反映了医学学术英语的一些核心话题。譬如，目前临床（clinical）医学研究（study）的主要工作是通过医学影像（imaging）等手段探究病人（patients）的病痛（pain）。其中最受关注的疾病（disease）是以恶性肿瘤（tumor）为病征的癌症（cancer）等。我们还可对通过上述方法获得的主题词按二级学科进行分类，可作为医学分类词典词目确立的依据。现有的语料库工具还可以通过词形还原（lemmatization）技术轻易地将study、studies等形式归并成study这样的词目，以利于词目的最终确定。

排在医学主题词表顶端的这些高频词汇清晰地揭示出了医学学术概念，然而在词频表中的一些中低频段的词汇也特别值得我们关注。比如列在第245位的delivery一词，也属于医学英语常用词，且其主要义项显著不同于通用英语。

7.5　医学学术英语词典的微观结构

词典的微观结构通常包括：词目、注音、词频标记、词源和构词、释义、图示、语法标注、词汇搭配、例证、参见等。上述多项内容都可通过短语学方法加以整合。以下将通过delivery一词的词条编写展示体裁短语学理念在词典微观结构安排方面的价值。

delivery *n.* /dɪˈlɪvəri/ ◆◆◆◆◆

NON-COUNT/COUNT, *pl.* deliveries (all plural usages are found in sense ❶. 所有复数用法见于义项❶)

❶　Delivery refers to the process of giving birth to a baby. 78 % of the delivery uses are found in Obstetrics & Gynecology literature. delivery指分娩、生产，78 %的delivery的该用法见于妇产科学文献。[way of] N 以某种方式或状态分娩；N [frequency or place] 分娩的频度或场所

Common useful phrases containing *delivery*（包含delivery的常用短语）：

cesarean/caesarean delivery 剖腹产

immediate delivery 立即分娩

singleton delivery 单胎分娩

preterm delivery 早产

vaginal delivery 顺产

delivery rate 分娩率

delivery volume 分娩量

delivery unit 产房

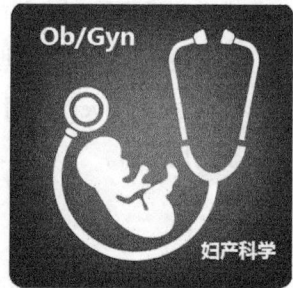

E. G.

Patients delivered by private practice obstetricians had an increased risk of *cesarean delivery.* 由私人执业产科医生接生的患者会有更大的剖腹产风险。

Prediction of *preterm delivery* within 7 days using the new model provided 100% positive value. 使用新的检测模型在7天内预测早产阳性率高达百分之百。

There are different groups of obstetricians that deliver patients in the labor and *delivery unit*, including an academic faculty practice and multiple private practices. 在这一产房从事助产工作的有几组不同的产科医生，其中包括一组有学术背景的执业医师和多组私人执业医师。

❷ Delivery is the bringing of nutrients, oxygen and medicine through the body of patients. About 12% of the delivery uses are found in a number of sub-areas of medical literature, such as emergency medicine, sports medicine, ophthalmology, medical imaging and radiology. delivery 表示给病人体内输液、输氧或其他药物的递送等。12%的delivery的该用法见于多个医学学科门类，包括急诊、运动医学、眼科、影像医学与核医学。[medicine/oxygen] N；N of [medicine/oxygen]

Common useful phrases containing *delivery*（包含delivery的常用短语）：

tPA (tissue-type plasminogen activator) delivery 组织型纤溶酶原激活剂的递送

O₂/oxygen delivery 输氧

E. G.

The effect of timely *tPA delivery* has been well established. 及时使用组织型纤溶酶原激活剂的效果已得到有力证实。

The energy supply (mainly composed of *O₂ delivery* systems and glycolysis) and the energy demand (mainly composed of the APTases) are connected by available cellular energy. 这些能量供（主要包括氧气输送系统和糖酵解）需（主要包括APT酶）之间的关联主要是通过细胞能量完成的。

❸ Delivery is the supply of medical service. About 10% of the delivery uses are found in a number of sub-areas of medical literature. delivery指提供医疗服务。大约10%的delivery的该用法见于多个医学子领域。[service] N; N of [service]

Common useful phrases containing *delivery*（包含delivery的常用短语）：

(health) care delivery (system) 医疗服务体系

delivery of services 提供医疗服务

E. G.

The report greatly changed the understanding about *health care delivery* in China, and reshaped our thinking about health care quality and safety. 这一报告很大程度上改变了我们对于中国医疗服务体系的理解，重塑了我们对于医疗质量和安全的认识。

The Ministry of Health has drafted new plans in *delivery of services* for the next five years. 卫生部已重新起草了今后五年的新型医疗服务计划。

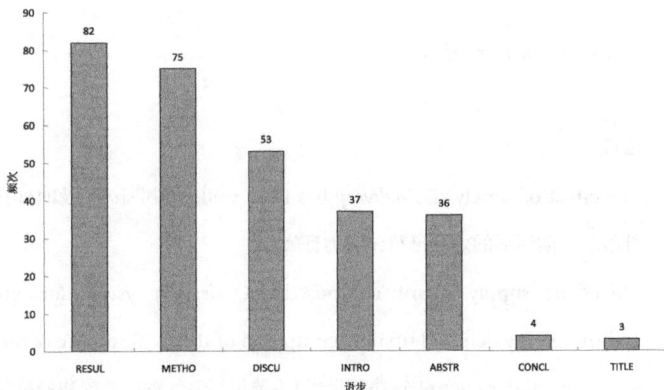

→labor

以上delivery词条样例，较全面地展现了语料库研究视野下的体裁短语学思想。

delivery一词在1万多词医学词汇中，排列第245位，若以2,000词作为一个频段，delivery显然位于第一个2,000词的高频频段，因此以◆◆◆◆◆标识其词频，以显示其为高频常用医学词汇。delivery在100万词医学学术英语库中共出现351次，表示抽象含义和单数形式的delivery用法291次（占83％），以deliveries形式存在的复数用法60次（占17％）且仅用于义项❶。这种统计可以提示词典用户，delivery多数情况下以原形出现，也可用于复数，但概率不足两成，且只在表示"分娩"义时才用作复数。用作"输液/输氧"和"提供（服务）"义时一般为不可数。

其次，根据delivery的短语搭配特征，我们得到了占总出现频次78％、12％、10％的三类delivery构型，并概括出具有区别性的❶❷❸三个义项。其排序遵循频率优先原则。我们在提供常用短语和例证时，也充分考虑到他们出现的比率。第一个义项即"分娩"，是医学文献中最常见的用法。从医学体裁的二级学科细分来看，该用法集中出现于妇产学科文献。而通用英语词典 (以牛津词典和柯林斯词典为例) 的义项排列，都将"送信""邮递""快递"列为首要义项。而这一义项在医学学术体裁中几乎从不出现。在医学体裁中，位列第二的义项是"输液""输氧"等治疗方式。排位第三的义项，为数也不少，同第二个义项使用频率相当，所表达的含义更为抽象，指的是医疗服务的供给和保障。对于像 delivery 这样的多义词汇，不能简单地将其在词典中列为一个医学词条了事，而应细分其不同的专业性义项。

上述学术义项的区分主要是通过短语搭配来实现的。例如，当 delivery 的前置修饰语是 cesarean、immediate、vaginal、preterm、singleton 时，它的意思即为"分娩"。这些定语主要表达分娩的某种方式。在这种情况下，其逻辑主宾语通常是医生或病人。表"分娩"义的第二种构型是 delivery 修饰另一个名词，其短语意思是分娩的频度或处所。此种情况下

表 7.2 delivery 在（临床）医学学术英语中的典型搭配（前 40 位）

搭配词	对数似然率	搭配词	对数似然率	搭配词	对数似然率	搭配词	对数似然率
cesarean	1086	preterm	62	year	22	early	14
immediate	560	care	58	and	20	oxygen	14
caesarean	260	of	48	during	20	unit	14
singleton	174	advantage	46	having	20	volumes	14
volume	174	after	40	thrombolytic	20	against	12
rates	142	annual	36	systems	18	dietary	12
rate	80	hospitalization	34	term	18	feed-back	12
tPA	70	in	26	versus	18	improved	12
at	68	Obstetrician	26	within	16	medium	12
per	64	vaginal	24	among	14	tumor	12

的句子逻辑主语往往是事件而不是医生或患者。这些常见短语的选取以及义项的确定都是通过MedAca医学学术英语语料库的搭配计算和索引行分析获得的。换言之，这些短语搭配有效地避免了词典编纂者的个人语感。表7.2是delivery一词在医学学术体裁中的搭配情况。

表中搭配词按搭配强度算法自动获得，词典编纂者需要进一步结合索引行分析搭配词和delivery构成的短语是否意义完整。在此基础上，对搭配词表进行清理、词形还原和语义归类，从而最终概括出词典收录所需的义项和典型短语。在delivery的搭配词整理过程中，我们清理了介词at、of、after、in等，归并了cesarean/caesarean、volume/volumes、rates/rate等。在义项❶中，包含delivery的常用短语顺序是严格按照搭配强度统计量排列的，以表明其在语用中的实际情形。义项❶中的三条例证也是选自MedAca语料库，以使词典用户能接触到近些年国际医学顶级学术期刊英语用例。总体来说，该词典的目标读者定位于中高级学习者，但我们在选择选编例证时，还是适当删减了一些难词和插入成分，以降低理解和学习难度。另外，该词典为双解词典，词典用户可以借助汉语辅助其对delivery词义的理解。

义项❷和义项❸的编写是在排除义项❶用例后，按上述相同方法进行的。从delivery词条示例中可以看出，❷❸两个义项仍然是典型的医学体裁专业用法。因为是次要用法，出现概率相对较低，所提供的例证数量都远远小于义项❶。

上述delivery词条内容较为全面，实际中可根据词典规模要求，删减义项、常用短语和例证。删减原则是从后往前删，即先删除使用频次低的用例和义项。

词条末尾的柱状图显示的是delivery一词的语步分布。医学学术文本中的研究报告和研究综述未进行语步分析，因此这两类问题中出现的delivery用法未统计入该图表。因为delivery是与学科知识相关的词汇，所以在学术论文摘要（36次）、引言（37次）、方法（75次）、结果（82次）、讨论(53次)各个语步都出现较多,另外,在结论(4次)和标题(3次)中也偶尔会出现。

7.6 结语

本研究基于100万词最新医学国际学术期刊论文语料库,采用数据驱动的方法,通过对医学学术英语词典宏观结构的确定,以及delivery这一自编词条微观结构的详解,展示了体裁短语学思路的词典编纂价值。该方法的特色是通过频率优先原则排定义项,利用整句释义法描写词条的最常见结构特征和语义内涵。在例证方面,通过统计分析,筛选出最典型的短语搭配,进而提供精选自真实语篇的例句。上述做法继承了Sinclair(1987)倡导的构型意义一体的短语学词典编纂理念。此外,本研究利用大规模医学学术文本与通用英语语料的对比抽取词典所需词目,同时根据统计原则确定词典规模,并对(临床)医学文本按领域细分出18个二级学科以及对实证性医学论文进行语步切分,从而记录词汇的(子)学科、语步分布情况等。这些为短语学理念增加了体裁维度,可以更好地服务学术英语学习的需求。

词典编者的任务应当是在有限的篇幅内,最大限度地呈现词汇的形态句法和语篇体裁的典型用法,以使词典用户管窥词汇在真实语境中丰富多样的使用行为。

另外,前文医学双解词典示例中的所有汉语译文均由本研究作者完成。若能利用英汉平行医学学术语料库,则可自动获取双语例证,从而提高词典编纂的效率和客观性。

最后,对于专科词典的研编,词典编纂者基于语料分析概括出的词条内容,在定稿前应当请学科专家帮忙审订,以免违反专业常识。

第八章 语料库话语研究展望

　　本书概述了语料库话语研究的历史和现状。话语研究发轫之初，学者们更关注话语的结构特征。我国话语研究的最初情形也大致如此，其中尤以 Halliday 系统功能语言学的相关理念对我国话语结构研究影响最大。胡壮麟（1994）、张德禄（2003）等对英汉语话语衔接的研究是其中的代表性成果。近些年，话语研究与语言学内部的相关领域呈现出充分交融的局面。例如，话语研究与语用学、社会语言学、专用和学术英语研究、文体学、批评语言学等的结合。其中，尤以基于语料库的批判话语研究势头最盛。总体而言，近年来，与话语结构特征研究成果相比，有关话语社会属性的成果更为丰富，特别是基于媒体话语的社会、政治、经济、外交现象的话语建构研究数量突出。然而，就话语的内涵和外延来看，话语的社会属性不是话语研究的全部。本书写作目的之一正是希望向读者展示一个全面而均衡的话语研究图景。话语研究是对话语结构、话语功能意义以及话语的社会属性都有所关注的学科领域。

　　在语料库话语研究的分析技术方面，随着计算机技术的进步，相关语料库分析工具的功能也日益提升。语料库索引工具的话语分析能力不断加强，专用话语研究工具也陆续涌现。在语料库话语研究成果方面，国际上主要的话语研究流派在我国都有体现。我国学者已有越来越多的相关成果在国际期刊发表或在国际知名出版社出版，这展现出我国研究人员的学术活力。以下将就国内外语料库话语研究动态和发展方向作一浅析。

8.1 国际语料库话语研究展望

在研究选题、理论取向和技术方法上，语料库话语研究在国际范围内形成了几个具有鲜明特点的团队。欧美一些语料库研究重镇都具有坚守传统、长期积累、开拓创新的学科发展特点。这些理念保证了各个团队得以开宗立派，推陈出新，持续引领。而我国学者则或多或少存在盲从跟风、浅尝辄止的风气，限制了我国语料库话语研究的创新和本土特色团队的形成。

如今的欧美语料库话语研究阵营主要包括：1）以 Paul Baker 和 Tony McEnery 为代表的英国兰卡斯特大学团队；2）John Sinclair 初创并由 Susan Hunston 等人引领的英国伯明翰大学团队；3）以 Douglas Biber 为代表的美国北亚利桑那大学团队；4）以 Ken Hyland 和 John Flowerdew 等人为代表的专用英语和学术英语话语研究团队。此处围绕个别学者和地域所作的划分有些过于简单化，但就学术成果分布而言，大体还是以上述四个地区最为集中。

兰卡斯特团队的语料库话语研究在选题上特别关注话语与权力、话语与性别、话语与意识形态、话语与其他社会语言学变量之间的关系。他们的研究落脚点多是针对某一概念或现象（如性别、气候变化、移民、宗教等）的话语建构。这一研究取向的确立，有赖于兰卡斯特大学语言学系 Norman Fairclough、Ruth Wodak、Paul Chilton 等知名批判话语研究学者以及 Geoffrey Leech、Jonathan Culpeper 等在语用学，Jane Sunderland、Paul Kerswill 等在社会语言学，Geoffrey Leech、Mick Short、Elena Semino 等在文体学领域的学术传统。兰卡斯特大学语言学系历经数十年的优势积累，发展成为国际语料库话语研究重镇。同时，兰卡斯特大学语言学系长期与该校计算机系共建，依托Paul Rayson主持的UCREL研究中心（University Centre for Computer Corpus Research on Language），在语料库分析技术上屡有创新。例如，Paul Rayson开发的Wmatrix系统，其中的词汇语义分析被广泛用于话语建构研究。

近年来，兰卡斯特大学整合力量，成立了CASS研究中心（Centre for Corpus Approaches to Social Science），即"社会科学的语料库路径研究中心"，创新性地将语料库方法应用于医学、历史、传播学、心理学、社会学的研究课题之中。这些新的举措产出了相当数量的成果，打开了语料库话语研究的新局面。理论上，不论哪个学科，只要涉及话语表述并且有充足的文本数据，都可以诉诸语料库方法。

兰卡斯特大学语料库团队的这一新动向，在跨学科和超学科层面上，固然可喜，然而这也存在失去语料库语言学自身学科身份的危险。语料库语言学似乎纯然变作一堆数据、一组工具和一套方法。兰卡斯特大学语料库团队并非没有认识到这一点，而他们恰恰设定了语料库语言学与其他领域交融，逐步隐退消亡的发展路径（McEnery & Hardie 2012：226）。这种将语料库语言学视作方法论（corpus as method）的观点，似乎是认定语料库语言学的未来便是没有未来，到底对语料库语言学的发展是利是弊，还有待时间检验。

伯明翰大学语料库话语研究团队同样有着深厚的话语研究底蕴。在一定程度上，伯明翰话语研究传统起初多少受到Halliday的理念和概念体系的影响。然而，John Sinclair、Malcolm Coulthard、Michael Hoey、David Brazil等人自20世纪70年代开始，逐步开创出极具特色的伯明翰学派话语研究传统。其中较具代表性的有Sinclair & Coulthard（1975）、Brazil（1995）和Hoey（1991, 2001）。Sinclair & Coulthard（1975）对课堂师生互动会话结构的概括；Brazil（1995）整理出的"口语语法"，其本质上是话语互动语法；Hoey（1991, 2001）进一步提炼Halliday & Hasan（1976）有关英语的衔接理论，将衔接概括为词语在话语中的复现，这种词汇复现形成的前后照应，他称为复现链。复现链是实现话语组织模式的关键。在话语功能层面，Hoey提出的"问题-解答"（problem-solution）模式也具有很高的概括性和适用度。其中很多观点和思路与如今的话语评价研究一脉相承。其后的代表性话语研究学者包括Michael Stubbs、Wolfgang Teubert、Susan Hunston、Paul Thompson等。Stubbs和Teubert的话语分析定位更偏向于语料库驱动的批判话语研究。Hunston和Thompson的研究则较多地关注学术话语中的评价现象。这四位学者所采用的语料库方法以索引分析基础上的词语共现分析居多。近期与此相关的研究思路比较多地围绕局部语法来探究话语评价或其他话语功能现象。

总体而言，受伯明翰话语研究传统影响的学者更为重视话语组织结构，不论是组合层面或聚合层面的，还是更大语境的话语前后组织结构。相关学者在Sinclair等一些重要学者的引领下，先后提出了扩展意义单位、局部语法、词汇触发理论、型式语法等具有原创意义的理论思路，为话语研究更好地回答语言本体问题夯实了学科基础。在Sinclair之后，相关理论创新有所放缓。如今以Michaela Mahlberg为代表的伯明翰团队学者，正努力重振团队学术氛围，吸纳了不同语料库学术传统的学者，然而在Sinclair开创的语料库研究传统的继承方面，似乎进展不大。

英国之外的欧洲大陆各语料库研究团队并未形成突出的话语研究特色。在北美，Douglas Biber开创并培育了以北亚利桑那大学为中心的语料库话语研究团队。其学术特色鲜明，主攻语域变异研究。该研究取向很大程度上是一种社会语言学路径。该研究团队除了Biber本人之外，其他成员多为其弟子，主要集中在北亚利桑那大学（Jesse Egbert、Shelley Staples）和佐治亚州立大学（Viviana Cortes、Eric Friginal）。其他相关学者包括波特兰州立大学的Susan Conrad、圣选戈州立大学的Eniko Csomay和艾奥瓦州立大学的Bethany Gray等。除了对英语通用口语和书面语语域变异开展多维分析外，该团队还较多关注口笔语学术英语语域和网络话语语域，近期也开展了一些关注学习者英语语域变异的课题。在语域变异这一大方向下，该团队还衍生出不同语域句法复杂度研究、立场研究等子选题。在统计方法上，以Jesse Egbert为代表的年轻一代学者，除了继续采用多维分析中经典的因子分析外，还在不同研究中尝试了判别分析法（discriminant analysis）、自扩展法（bootstrapping）、混合效应模型（mixed effects models）等新的统计方法。在理论建设方面，Biber团队正尝试建立一个语料库话语研究的子学科——语域研究。

最后一个语料库话语研究团队，主要由部分英国学者，如Ken Hyland、John Flowerdew、Lynn Flowerdew、John Swales以及他们的合作者组成。他们重点围绕专用英语和学术话语研究开展相关课题。这些学者多半（曾经）供职于我国香港的高校。这部分学者并未形成一个真正意义上的团队，因为他们更多是独立开展研究。有趣的是，其中比较具有代表性的两位学者Ken Hyland和John Swales，他们虽然经常采用语料库数据和方法，但并不把自己归为语料库研究学者，而更愿意将自己视作学术英语研究者或者话语研究者。这些学者除了拥有共同的学术话语兴趣之外，也擅长于提出理论框架。例如，Ken Hyland提出了有关元话语的分析框架，John Swales开创了学术话语体裁分析思路。两者都在学术话语研究领域影响深远。

上述语料库话语研究团队所开展的研究课题反映了当前相关研究的主要热点。这些热点都历经了数十年的发展，而且可以预见仍将是今后一段时间里语料库话语研究的主要发展方向。如前所述，这些重要的阵营，之所以长盛不衰，通常有其明确的方向和长时间的理论积累，同时也会不断致力于新的理论建设以及研究工具的开发。这里我们就理论建设问题作一简单探讨。在以实证为特色的语料库研究领域，人们似乎对于实证数据的理论阐释有所忽略。语言研究中的理论问题可以用渔民打鱼[1]和考古发掘

1　该比喻从李文中教授讲座中听得。

（Glynn 2014：444-445）来加以说明。渔民在哪儿下网以及考古人员从哪里开挖，事先都需要有一定的目标，就好比理论积累，否则空有精良的工具和技术，终将难有所获。因此，理论好比研究者头脑中的地图或导航仪，可以引导我们在合理的方向上探寻。另外，语料库话语研究固然可以服务于应用目的，但终究要针对语言问题给出答案。

在这些知名语料库话语研究团队的传统研究方向之外，目前不少学者对于新媒体话语产生了极大兴趣，还有不少学者专注于历时话语现象的语料库考察。研究方法上，各团队都有综合多种研究思路（triangulation）的倾向，包括语料库研究方法中的索引分析、主题词分析、搭配分析等之间的结合，也包括量化统计和内省分析的互证等。

无论话语研究如何发展，都应当兼顾话语自身属性及其社会文化价值。然而，目前国际上的语料库话语研究仍然存在一些问题，例如：1) 在研究选题方面，以批判话语研究为代表的研究取向，虽能捕捉到社会热点，有利于对当下的社会现象作出细致全面的描写，但对于话语的本体性认识并没有多少新的思考；2) 话语内部组织机制方面的语料库分析仍然十分缺乏，口头互动话语组织结构的语料库研究更是罕见；3) 英语话语研究仍然占绝对主导地位，不同英语变体和跨语言对比话语研究课题并不多见；4) 当前在认知语言学领域较为普遍采用的多因素分析法尚未在上述几个传统语料库话语研究团队的话语研究中体现；5) 语料库话语研究强于描述，弱于提炼概括的特点仍然没有改观；6) 相当多语料库话语研究都对话语形式和意义/功能之间的关系没有给予足够的重视。更多情况下，语料库话语研究偏重词汇、短语和简单的语法范畴的出现频率以及频率分布等信息的报告。

在借鉴欧美成熟语料库话语研究传统和总结其经验教训的基础之上，我国学者理应有所作为，而不单是亦步亦趋，简单拿来。我们首先应当回答和解决自己的研究问题，创制出更为合适的分析工具和分析方法，最终应当提出具有独创性和解释力的概念体系或理论框架。以下我们将从选题本土化、理论深化和技术方法强化几个方面，就我国学者开展语料库话语研究谈几点拙见。

8.2 我国语料库话语研究展望

在选题本土化方面，我们认为我国学者不论用英文还是中文撰写的话语研究成果，都应更多关注本土化话语现象。其中包括但不限于有关汉语的话语研究、汉外话语现象对比、汉外/外汉翻译中的话语现象、中国学习者外语习得中的话语现象、外国人学习汉语时的话语现象、话语研究在我国语言教学等领域中的应用问题。当然，相关的语料库也应同步建设。我国学者理应在我们的母语和汉外跨语言和跨文化话语现象方面，解决自己的问题，作出自己的贡献。事实上，已有很多学者在各自的研究中紧扣上述相关话题。我们这里谈话语研究选题本土化的问题，并不排斥对英语话语现象和西方社会话语现象的探讨。相反，我国话语研究的发展相当大程度上得益于西方研究传统的滋养。

国际上话语研究的发展明显呈现多学科交融的趋势，在我国这一趋势并不突出。我们是否可以打破语言学科的壁垒，以话语为素材和数据，回答我国传播学、社会学、人类学、文学、历史学、政治学、教育学等学科的一些相关问题，这也是完全可能的。另外，国际上针对社交媒体（Facebook、Twitter等）的话语研究数量也相当可观。我国语言学者对社交媒体语言的话语层面的现象关注还显得不够充分。

学术研究中的理论深化问题绝非易事，但却是不得不始终需要思考的问题。当前我们采用的话语研究概念和理论框架，几乎无一例外来自西方。这其中固然有西方相关领域发展较早、较成熟的原因，更有我们简单拿来、不作反思、不加批评的思维惯性。我们的理论思考可以在西方理论基础上加以深化和延展，也可以是理论建构的本土化。所谓理论本土化是在检验外来理论的适用性基础上，发现问题、调试框架的过程。当然，真正有效力的理论，应当是更具普适和推广意义的理论。不过具有普适意义的理论和具有本土特色的理论，两者本来就是相辅相成，辩证存在的。

上文谈的选题和理论，主要是从话语研究视角来讨论的。有关技术方法的强化，更多从语料库视角来考虑的。语料库研究方法的核心是频数统计，我们在书中也花了较多篇幅介绍了词频表、主题词分析、索引分析和搭配分析这些围绕词频计算的常见语料库技术。然而语料库领域新的统计方法层出不穷，其中新采用的较多方法往往是多变量统计方法。这种将多个变量或多个因素综合考察的思路，在很多语言学文献中也有呼应，例如，Fries（1945：57）有关语言理解多维性的论述，Firth（1951/1957）有关意义的多维模式分析，Hoey（2005：13）有关词汇触发理论10个层次的假设，Scott & Tribble（2006：9）有关语境范围的概括。除此之外，Glynn（2014：307）还将语料库领域内的多变量研究趋势总结为从词语共现（collocation analysis）到特征共现（feature analysis）的研究。这里说的特征，又叫"用法特征"（usage features）或"语言行为概貌"（behavioral profile），根据研究需要可以包括语音、词汇、句法、话语、语用等各个层面。有关的统计方法包括：逻辑回归（logistic regression）、聚类分析（cluster analysis）、对应分析（correspondence analysis）、主成分分析（principal component analysis）、决策树（decision tree）、随机森林（random forest）。目前，上述统计方法较多通过R语言得以实现。相关方法在部分词汇和语法现象（例如，双及物构式和与格构式的交替选择问题，以及to do和doing的选择问题）中已有充分的运用。相关的统计方法显然在话语现象中完全适用，Gries & Adelman（2014）有关日语会话中主语使用的研究和Iyeiri *et al.*（2011）有关话轮开头语的主成分分析就都属于话语功能层面的多因素分析研究案例。当然，有一点值得我们认真思考，即统计方法的选择。从根本上而言，统计方法并非越复杂越好，而是应以能恰当回答研究问题为最佳。高级统计手段未必能带来高级的理论认识。因此，处理好数据分析和理论阐释之间的关系，是值得长期探讨的问题。

　　就技术层面而言，服务于话语研究的语料库工具更多关注的是话语的组织结构特征，当然，直到目前，专用的话语研究自动分析工具仍然十分缺乏，特别是针对话语内容的标注和统计分析工具。有关社会建构研究语料库分析方法依赖的主要还是跟词汇短语相关的频次信息。

　　话语研究的魅力在于它一头连着语言，一头连着社会，两者互为表里。基于语料库的话语研究的特色在于注重定量定性综合研究视角。之所以需要对话语进行定量研究，是因为话语的形成是言语社团长期大量交往而来的；而之所要采用定性研究，是因为话语远远超出字面含义，需要研究者深入探究，或者需要开发出可以挖掘话语意义的语料库分析工具。

　　相信经过我国学者的集体努力，我们应当可以在国际语料库话语学界谋得一席之地。更重要的是，我们能够充分运用语料库语言学思路回答好本土的话语研究问题。

参考文献

Androutsopoulos, J. & A. Georgakopoulou (eds.). 2003. *Discourse Constructions of Youth Identities*. Amsterdam: John Benjamins.

Angermuller, J. 2014. *Poststructuralist Discourse Analysis: Subjectivity in Enunciative Pragmatics*. Basingstoke: Palgrave Macmillan.

Baker, M. 1993. Corpus linguistics and translation studies: Implications and applications. In M. Baker, G. Francis & E. Tognini-Bonelli (eds.). *Text and Technology: In Honour of John Sinclair*. Amsterdam: John Benjamins. 233-250.

Baker, P. 2004. Querying keywords: Questions of difference, frequency, and sense in keywords analysis. *Journal of English Linguistics* 32(4): 346-359.

Baker, P. 2005. *Public Discourses of Gay Men*. London: Routledge.

Baker, P. 2006. *Using Corpora in Discourse Analysis*. London: Continuum.

Baker, P. 2010. Representations of Islam in British broadsheet and tabloid newspapers 1999-2005. *Journal of Language and Politics* 9(2): 310-338.

Baker, P. 2014. *Using Corpora to Analyze Gender*. London: Bloomsbury.

Baker, P. & J. Egbert (eds.). 2016. *Triangulating Methodological Approaches in Corpus Linguistic Research*. New York: Routledge.

Baker, P. & T. McEnery (eds.). 2015. *Corpora and Discourse Studies: Integrating Discourse and Corpora*. Basingstoke: Palgrave Macmillan.

Baker, P., C. Gabrielatos & T. McEnery. 2013. *Discourse Analysis and Media Attitudes: The Representation of Islam in the British Press*. Cambridge: Cambridge University Press.

Baker, P., C. Gabrielatos, M. Khosravinik, M. Krzyzanowski, T. McEnery & R. Wodak. 2008. A useful methodological synergy? Combining critical discourse analysis and corpus linguistics to examine discourses of refugees and asylum seekers in the UK press. *Discourse & Society* 19(3): 273-306.

Barlow, M. 2016. WordSkew: Linking corpus data and discourse structure. *International Journal of Corpus Linguistics* 21(1): 104-115.

Bastos, L. & M. Oliveira. 2006. Identity and personal/institutional relations: People and tragedy in a health insurance customer service. In A. De Fina, D. Schiffrin & M. Bamberg (eds.). *Discourse and Identity*. Cambridge: Cambridge University Press. 188-212.

Bednarek, M. 2007. Local grammar and register variation: Explorations in broadsheet and tabloid newspaper discourse. *Empirical Language Research* 1(1): 1-22.

Berber-Sardinha, T. 2000. Comparing corpora with WordSmith Tools: How large must the reference corpus be? In *Proceedings of the Workshop on Comparing Corpora*. Stroudsburg, P.A.: Association for Computational Linguistics. 7-13.

Biber, D. 1984. A Model of Textual Relations within the Written and Spoken Modes. Ph.D. Dissertation. Los Angeles: University of Southern California.

Biber, D. 1988. *Variation across Speech and Writing*. Cambridge: Cambridge University Press.

Biber, D. 1995. *Dimensions of Register Variation*. Cambridge: Cambridge University Press.

Biber, D. 2006. *University Language: A Corpus-based Study of Spoken and Written Registers*. Amsterdam: John Benjamins.

Biber, D. 2014. Using multi-dimensional analysis to explore cross-linguistic universals of register variation. *Languages in Contrast* 14(1): 7-34.

Biber, D, U. Connor & T. Upton. 2007. *Discourse on the Move: Using Corpus Analysis to Describe Discourse Structure*. Amsterdam: John Benjamins.

Biber, D. & E. Finegan. 1988. Adverbial stance types in English. *Discourse Processes* 11(1): 1-34.

Biber, D. & E. Finegan. 1989. Styles of stance in English: Lexical and grammatical marking of evidentiality and affect. *Text* 9(1): 93-124.

Biber, D. & E. Finegan. 2001. Intra-textual variation with medical research articles. In S. Conrad & D. Biber (eds.). *Variation in English: Multi-dimensional Studies*. London: Routledge. 108-123.

Biber, D. & J. Egbert. 2016. Register variation on the searchable web: A multi-dimensional analysis. *Journal of English Linguistics* 44(2): 95-137.

Biber, D. & S. Conrad. 2009. *Register, Genre, and Style*. Cambridge: Cambridge University Press.

Biber, D., J. Egbert & M. Davies. 2015. Exploring the composition of the searchable web: A corpus-based taxonomy of web registers. *Corpora* 10(1): 11-45.

Biber, D., S. Conrad, R. Reppen, P. Byrd, M. Helt, V. Clark, V. Cortes, E. Csomay & A. Urzua. 2004. *Representing Language Use in the University: Analysis of the TOEFL 2000 Spoken and Written Academic Language Corpus*. Princeton, N.J.: Educational Testing Service.

Biber, D., S. Johansson, G. Leech, S. Conrad & E. Finegan. 1999. *Longman Grammar of Spoken and Written English*. London: Pearson.

Billig, M. 1988. The notion of "prejudice": Some rhetorical and ideological aspects. *Text* 8(1-2): 91-110.

Blaney, J., L. Lippert & J. Smith (eds.). 2014. *Repairing the Athlete's Image: Studies in Sports Image Restoration*. Lanham, M.D.: Lexington Books.

Blum-Kulka, S. 1996. Shifts of cohesion and coherence in translation. In J. House & S. Blum-Kulka (eds.). *Interlingual and Intercultural Communication*. Tübingen: Günter Narr. 17-35.

Bod, R., J. Hay & S. Jannedy (eds.). 2003. *Probabilistic Linguistics*. Cambridge, MA.: The MIT Press.

Boulding, K. 1956. *The Image: Knowledge in Life and Society*. Ann Arbor: University of Michigan Press.

Boulding, K. 1959. National images and international systems. *The Journal of Conflict Resolution* 3(2): 120-131.

Brazil, D.1995. *A Grammar of Speech*. Oxford: Oxford University Press.

Brezina, V., T. McEnery & S. Wattam. 2015. Collocations in context: A new perspective on collocation networks. *International Journal of Corpus Linguistics* 20(2): 139-173.

Burr, V. 1995. *An Introduction to Social Constructionism*. London: Routledge.

Bybee, J. & P. Hopper. 2001. *Frequency and the Emergence of Linguistic Structure*. Amsterdam: John Benjamins.

Cao, Y. & R. Xiao. 2013. A multidimensional contrastive study of English abstracts by native and non-native writers. *Corpora* 8(2): 209-234.

Cap, P. 2017. *The Language of Fear: Communicating Threat in Public Discourse*. London: Palgrave Macmillan.

Chafe, W. & D. Tannen. 1987. The relation between written and spoken language. *Annual Review of Anthropology* 16(1): 383-407.

Chen, W. 2006. Explicitation through the Use of Connectives in Translated Chinese: A Corpus-based Study. Ph.D. Dissertation. Manchester: University of Manchester.

Connor-Linton, J. 1989. Crosstalk: A Multi-feature Analysis of Soviet-American Spacebridges. Ph.D. Dissertation. Los Angeles: University of Southern California.

Cortes, V. & E. Csomay. 2015. *Corpus-based Research in Applied Linguistics: Essays in Honor of Doug Biber*. Amsterdam: John Benjamins.

Cowie, A. 1999. *English Dictionaries for Foreign Learners: A History*. Oxford: Oxford University Press.

Crawford, W. & E. Csomay. 2016. *Doing Corpus Linguistics*. New York: Routledge.

Crossley, S., K. Kyle & D. McNamara. 2016. The tool for the automatic analysis of text cohesion (TAACO): Automatic assessment of local, global, and text cohesion. *Behavior Research Methods* 48(4): 1227-1237.

Dayrell, C. & J. Urry. 2015. Mediating climate politics: The surprising case of Brazil. *European Journal of Social Theory* 18(3): 257-273.

De Beaugrande, R. 2001. Interpreting the discourse of HG Widdowson: A corpus-based critical discourse analysis. *Applied Linguistics* 22(1): 104-121.

De Beaugrande, R. & W. Dressler. 1981. *Introduction to Text Linguistics*. London: Longman.

De Fina, A., D. Schiffrin & M. Bamberg (eds.). 2006. *Discourse and Identity*. Cambridge: Cambridge University Press.

Dressler, W. (ed.). 1978. *Current Trends in Textlinguistics*. Berlin: Walter de Gruyter.

Du Bois, J. 2007. The stance triangle. In R. Englebretson (ed.). *Stancetaking in Discourse: Subjectivity, Evaluation, Interaction*. Amsterdam: Benjamins. 139-182.

Dye, D. 2015. New labour, new narrative? Political strategy and the discourse of globalisation. *The British Journal of Politics & International Relations* 17(3): 531-550.

Fairclough, N. 1989. *Language and Power*. London: Longman.

Fairclough, N. 1992. *Discourse and Social Change*. Cambridge: Polity.

Fairclough, N. 2000. *New Labour, New Language?* London: Routledge.

Firth, J. 1935. The techniques of semantics. *Transactions of the Philological Society* 34(1): 36-73.

Firth, J. 1951/1957. Modes of meaning. In J. Firth(ed.). *Papers in Linguistics: 1934-1951*. London: Oxford University Press. 190-215.

Flowerdew, J. & R. Forest. 2015. *Signalling Nouns in English: A Corpus-based Discourse Approach*. Cambridge: Cambridge University Press.

Flowerdew, J. 2003. Signalling nouns in discourse. *English for Specific Purposes* 22(4): 329-346.

Foltz, P. 2007. Discourse coherence and LSA. In T. Landauer, D. McNamara, S. Dennis & W. Kintsch (eds.). *Handbook of Latent Semantic Analysis*. London: Routledge. 167-185.

Fowler, R. 1991. *Language in the News: Discourse and Ideology in the Press*. London: Routledge.

Fries, C. 1945. *Teaching and Learning English as a Foreign Language*. Ann Arbor: University of Michgan Press.

Gabrielatos, C. & P. Baker. 2008. Fleeing, sneaking, flooding: A corpus analysis of discursive constructions of refugees and asylum seekers in the UK Press 1996-2005. *Journal of English Linguistics* 36(1): 5-38.

Gao, X. 2016. A cross-disciplinary corpus-based study on English and Chinese native speakers' use of first-person pronouns in academic English writing. *Text & Talk* 38(1): 93-113.

Gee, J. 2015. Discourse, small d, big D. In K. Tracy (ed.). *The International Encyclopedia of Language and Social Interaction*. Malden, MA.: John Wiley & Sons, Inc. 1-5.

Georgalou, M. 2017. *Discourse and Identity on Facebook: How We Use Language and Multimodal Texts to Present Identity Online*. London: Bloomsbury.

Giddens, A. 1991. *Modernity and Self-identity*. Cambridge: Polity Press.

Givón, T. 1984. *Syntax: A Functional-typological Introduction (Vol. I)*. Amsterdam: John Benjamins.

Givón, T. 1990. *Syntax: A Functional-typological Introduction (Vol. II)*. Amsterdam: John Benjamins.

Glynn, D. 2014. Correspondence analysis: Exploring data and identifying patterns. I. D. Glynn & J. Robinson(eds.). *Corpus Methods for Semantics: Quantitative Studies in Polysemy and Synonymy*. Amsterdam: John Benjamins. 443-485.

Graesser, A., D. McNamara & M. Louwerse. 2003. What do readers need to learn in order to process coherence relations in narrative and expository text? In A. Sweet & C. Snow (eds.). *Rethinking Reading Comprehension*. New York: Guilford. 82-98.

Graesser, A., D. McNamara, M. Louwerse & Z. Cai. 2004. Coh-Metrix: Analysis of text on cohesion and language. *Behavior Research Methods, Instruments, and Computers* 36(2): 193-202.

Greenbaum, S. 1996. *Comparing English Worldwide: The International Corpus of English*. Oxford: Oxford University Press.

Gries, S. & A. Adelman. 2014. Subject realization in Japanese conversation by native and non-native speakers: Exemplifying a new paradigm for learner corpus research. In J. Romero-Trillo (ed.). *Yearbook of Corpus Linguistics and Pragmatics 2014: New Empirical and Theoretical Paradigms*. Cham: Springer. 35-54

Halliday, M. 1966. Lexis as a linguistic level. In C. Bazell, J. Catford, M. Halliday & R. Robins (eds.). *In Memory of J. R. Firth*. London: Longman. 148-162.

Halliday, M. 1973. *Explorations in the Functions of Language*. London: Edward Arnold.

Halliday, M. 1985a. *An Introduction to Functional Grammar*. London: Edward Arnold.

Halliday, M. 1985b. *Spoken and Written Language*. Oxford: Oxford University Press.

Halliday, M. 1988. On the language of physical science. In M. Ghadessy (ed.). *Registers of Written English: Situational Factors and Linguistic Features*. London: Pinter. 162-178.

Halliday, M. 1991. Corpus studies and probabilistic grammar. In K. Aijmer & B. Altenberg (eds.). *English Corpus Linguistics: Studies in Honour of Jan Svartvik*. London: Longman. 30-43.

Halliday, M. 1992. Language as system and language as instance: The corpus as a theoretical construct. In J. Svartvik (ed.). *Directions in Corpus Linguistics*. Berlin: Mouton de Gruyter. 61-77.

Halliday, M. & R. Hasan. 1976. *Cohesion in English*. London: Longman.

Harris, Z. 1952. Discourse analysis. *Language* 28(1): 1-30.

Harris, Z. 1954. Distributional structure. *Word* 10(23): 146-162.

Harris, Z. 1959. Linguistic transformations for information retrieval. In Z. Harris (ed.). *Papers in Structural and Transformational Linguistics*. New York: Springer. 458-471.

Hart, C. 2013. Argumentation meets adapted cognition: Manipulation in media discourse on immigration. *Journal of Pragmatics* 59 (Part B): 200-209.

Hatch, J., C. Hill & J. Hayes. 1993. When the messenger is the message: Readers' impressions of writers' personalities. *Written Communication* 10(4): 569-598.

Hearst, M. 1993. TextTiling: A quantitative approach to discourse segmentation. *Technical Report*. University of California, Berkeley. 1-10.

Hoey, M. 1983. A tentative map of discourse studies and their place in linguistics. *Analysis, Quaderni di Anglistica* 1 (1): 7-26.

Hoey, M. & J. Shao. 2015. Lexical priming: The odd case of a psycholinguistic theory that generates corpus-linguistic hypotheses for both English and Chinese. In B. Zou, M. Hoey & S. Smith (eds.). *Corpus Linguistics in Chinese Contexts*. London: Palgrave Macmillan. 15-34.

Hoey, M. 1991. *Patterns of Lexis in Text*. Oxford: Oxford University Press.

Hoey, M. 2001. *Textual Interaction: An Introduction to Written Discourse Analysis*. London: Routledge.

Hoey, M. 2005. *Lexical Priming: A New Theory of Words and Language*. London: Routledge.

Holmes, J. 1972/2000. The name and nature of translation studies. In L. Venuti (ed.). *The Translation Studies Reader*. London: Routledge. 172-185.

Hopper, P. & S. Thompson. 1984. The discourse basis for lexical categories in Universal Grammar. *Language* 60(4): 703-752.

Hornby, A., E. Gatenby & H. Wakefield. 1942. *Idiomatic and Syntactic English Dictionary*. Tokyo: Kaitakusha.

Hornby, A., E. Gatenby & H. Wakefield. 1948. *A Learner's Dictionary of Current English*. Oxford: Oxford University Press.

Huan, C. 2017. Evaluating news actors in Chinese hard news reporting language patterns and social values. *Text & Talk* 38(1): 23-45.

Hunston, S. 1989. Evaluation in Experimental Research Articles. Ph.D. Dissertation. Birmingham: University of Birmingham.

Hunston, S. 1995. A corpus study of English verbs of attribution. *Functions of Language* 2(2): 133-158.

Hunston, S. 2002. *Corpora in Applied Linguistics*. Cambridge: Cambridge University Press.

Hunston, S. 2011. *Corpus Approaches to Evaluation: Phraseology and Evaluative Language*. New York: Routledge.

Hunston, S. & J. Sinclair. 2000. A local grammar of evaluation. In S. Hunston & G. Thompson (eds.). *Evaluation in Text: Authorial Stance and the Construction of Discourse*. Oxford: Oxford University Press. 74-101.

Hunston, S. & H. Su. 2017. Patterns, constructions, and local grammar: A case study of "evaluation". *Applied Linguistics*.

Huston, S. & G. Thompson (eds.). 2000. *Evaluation in Text: Authorial Stance and Construction of Discourse*. Oxford: Oxford University Press.

Hyland, K. 1994. Hedging in academic writing and EAP textbooks. *English for Specific Purposes* 13(3): 239-256.

Hyland, K. 1996. Talking to the academy: Forms of hedging in science research articles. *Written Communication* 13(2): 251-281.

Hyland, K. 1998. *Hedging in Scientific Research Articles*. Amsterdam: John Benjamins.

Hyland, K. 1999. Disciplinary discourses: Writer stance in research articles. In C. Candlin & K. Hyland (eds.). *Writing: Texts, Processes and Practices*. London: Longman. 99-121.

Hyland, K. 2005a. *Metadiscourse: Exploring Interaction in Writing*. London: Continuum.

Hyland, K. 2005b. Stance and engagement: A model of interaction in academic discourse. *Discourse Studies* 7(2): 173-192.

Hyland, K. 2010. Community and individuality: Performing identity in applied linguistics. *Written Communication* 27(2): 159-188.

Hyland, K. & C. Guinda (eds.). 2012. *Stance and Voice in Written Academic Genres*. New York: Palgrave Macmillan.

Hyland, K. & P. Tse. 2005a. Evaluative *that* constructions: Signalling stance in research abstracts. *Functions of Language* 12(1): 39-63.

Hyland, K. & P. Tse. 2005b. Hooking the reader: A corpus study of evaluative *that* in abstracts. *English for Specific Purposes* 24(2): 123-139.

Hyon, S. 1996. Genre in three traditions: Implications for ESL. *TESOL Quarterly* 30(4): 693-722.

Ivanič, R. 1998. *Writing and Identity: The Discoursal Construction of Identity in Academic Writing*. Amsterdam: John Benjamins.

Iyeiri, Y., M. Yaguchi & Y. Baba. 2011. Principal component analysis of turn-initial words in spoken interactions. *Literary and Linguistic Computing* 26(2): 139-152.

Jiang, F. 2017. Stance and voice in academic writing: The "noun + that" construction and disciplinary variation. *International Journal of Corpus Linguistics* 22(1): 85-106.

Jiang, F. & K. Hyland. 2015. "The fact that": Stance nouns in disciplinary writing. *Discourse Studies* 17(5): 529-550.

Jiang, F. & K. Hyland. 2016. Nouns and academic interactions: A neglected feature of metadiscourse. *Applied Linguistics* 4: 1-25.

Jiang, F. & K. Hyland. 2018. Nouns and academic interactions: A neglected feature of metadiscourse. *Applied Linguistics* 39 (4): 508-531.

Jiang, F. & K. Hyland. 2017. Metadiscursive nouns: Interaction and cohesion in abstract moves. *English for Specific Purposes* 46: 1-14.

Jiang, F. & F. Wang. 2018. "This is because…": Authorial practice of (un)attending this in academic prose across disciplines. *Australian Journal of Linguistics* 38(1): 1-21.

Kanoksilapatham, B. 2003. A Corpus-based Investigation of Scientific Research Articles: Linking Move Analysis with Multidimensional Analysis. Ph.D. Dissertation. Washington. D. C. : Georgetown University.

Kilgarriff, A., P. Rychlý, D. Tugwell & P. Smrz. 2004. The Sketch Engine. Paper presented at the Eleventh EURALEX International Congress, Lorient, France, July 2004.

Knoblock, N. 2017. Xenophobic trumpeters: A corpus-assisted discourse study of Donald Trump's Facebook conversations. *Journal of Language Aggression and Conflict* 5(2): 295-322.

Koller, V. 2008a. *Lesbian Discourses: Images of a Community*. London: Routledge.

Koller, V. 2008b. "The world in one city": Semiotic and cognitive aspects of city branding. *Journal of Language and Politics* 7(3): 431-450.

Koller, V. 2013. Constructing (non-)normative identities in written lesbian discourse: A diachronic study. *Discourse and Society* 24(5): 572-589.

L'Hôte, E. 2014. *Identity, Narrative and Metaphor: A Corpus-based Cognitive Analysis of New Labour Discourse*. London: Palgrave Macmillan.

Labov, W. & J. Waletzky. 1967. Narrative analysis: Oral versions of personal experience. In J. Helm (ed.). *Essays on the Verbal and Visual Arts*. Seattle: University of Washington Press. 12-44.

Landauer, T., P. Foltz & D. Laham. 1998. An introduction to latent semantic analysis. *Discourse Processes* 25(2-3): 259-284.

Langacker, R. 2008. *Cognitive Grammar: A Basic Introduction*. Oxford: Oxford University Press.

Laviosa, S. 1998. Core patterns of lexical use in a comparable corpus of English narrative prose. *Meta* 43(4): 557-570.

Lee, D. 2001. Genres, registers, text types, domains, and styles: Clarifying the concepts and navigating a path through the BNC jungle. *Language Learning and Technology* 5(3): 37-72.

Leech, G. 2011. Principles and applications of Corpus Linguistics: Interview with Geoffrey Leech. In V. Viana, S. Zyngier & G. Barnbrook (eds.). *Perspectives on Corpus Linguistics*. Amsterdam: John Benjamins. 155-170.

Li, C. & S. Thompson. 1989. *Mandarin Chinese: A Functional Reference Grammar*. Berkeley: University of California Press.

Liang, M. 2015. Patterned distribution of phraseologies within text: The case of research articles. In B. Zou, M. Hoey & S. Smith (eds.). *Corpus Linguistics in Chinese Contexts*. London: Palgrave Macmillan. 74-97.

Luhn, H. 1960. Keyword-in-context index for technical literature. *American Documentation* 11(4): 288-295.

Mahlberg, M. 2005. *English General Nouns: A Corpus Theoretical Approach*. Amsterdam: John Benjamins.

Malinowski, B. 1923. The problem of meaning in primitive languages. In C. Ogden & I. Richards. *The Meaning of Meaning*. New York: Harcourt, Brace & World, Inc. 296-336.

Martin, J. 2000. Beyond exchange: Appraisal systems in English. In S. Hunston &

G. Thompson (eds.). *Evaluation in Text: Authorial Stance and the Construction of Discourse*. Oxford: Oxford University Press. 142-175.

Martin, J. & D. Rose. 2003. *Working with Discourse: Meaning Beyond the Clause*. London: Continuum.

Martin, J. & P. White. 2005. *The Language of Evaluation: Appraisal in English*. New York: Palgrave Macmillan.

Matsuda, P. & C. Tardy. 2007. Voice in academic writing: The rhetorical construction of author identity in blind manuscript review. *English for Specific Purposes* 26(2): 235-249.

Matsuda, P. 2015. Identity in written discourse. *Annual Review of Applied Linguistics* 35: 140-159.

McEnery, T. 2006. *Swearing in English: Bad Language, Purity and Power from 1586 to the Present*. London: Routledge.

McEnery, T. 2009. Keywords and moral panics: Mary Whitehouse and media censorship. In D. Archer (ed.). *What's in a Word-list? Investigating Word Frequency and Keyword Extraction*. Surrey: Ashgate. 93-124.

McEnery, T. & H. Baker. 2017. The public representation of homosexual men in seventeenth-century England: A corpus-based view. *Journal of Historical Sociolinguistics* 3(2): 197-217.

McEnery, T. & A. Hardie. 2012. *Corpus Linguistics: Method, Theory and Practice*. Cambridge: Cambridge University Press.

McEnery, T., R. Xiao & Y. Tono. 2006. *Corpus-based Language Studies: An Advanced Resource Book*. New York: Routledge.

McNamara, D., Z. Cai & M. Louwerse. 2007. Optimizing LSA measures of cohesion. In T. Landauer, D. McNamara, S. Dennis & W. Kintsch (eds.). *Handbook of Latent Semantic Analysis*. London: Routledge. 379-400.

McNamara, D., A. Graesser, P. McCarthy & Z. Cai. 2014. *Automated Evaluation of Text and Discourse with Coh-Metrix*. Cambridge: Cambridge University Press.

Neff, J., F. Ballesteros, E. Dafouz, M. Diez, H. Herrera, F. Martinez, R. Prieto, J. Rica & C. Sancho. 2003. Contrasting learner corpora: The use of modal and reporting verbs in the expression of writer stance. In S. Granger & S. Petch-Tyson (eds.). *Language and Computers, Extending the Scope of Corpus-based Research: New*

Applications, New Challenges. Amsterdam: Rodopi. 211-230.

Newmark, P. 1987. The use of systemic linguistics in translation analysis and criticism. In R. Steele & T. Threadgold (eds.). *Language Topics: Essays in Honour of Michael Halliday (Vol. 2)*. Amsterdam: John Benjamins. 293-303.

O'Donnell, M. & U. Römer. 2012. From student hard drive to web corpus (part 2): The annotation and online distribution of the Michigan Corpus of Upper-level Student Papers (MICUSP). *Corpora* 7(1): 1-18.

Olohan, M. 2002. Leave it out! Using a comparable corpus to investigate aspects of explicitation in translation. *Cadernos de Tradução* 1(9): 153-169.

Olohan, M. & M. Baker. 2000. Reporting *that* in translated English: Evidence for subconscious processes of explicitation? *Across Languages and Cultures* 1(2): 141-158.

Ott, B. 2017. The age of Twitter: Donald J. Trump and the politics of debasement. *Critical Studies in Media Communication* 34(1): 59-68.

Palmer, F. 2001. *Mood and Modality*. Cambridge: Cambridge University Press.

Palmer, H. 1938. *A Grammar of English Words*. London: Longman.

Pearce, M. 2008. Investigating the collocational behaviour of MAN and WOMAN in the BNC using Sketch Engine. *Corpora* 3(1): 1-29.

Petch-Tyson, S. 1998. Writer/reader visibility in EFL written discourse. In S. Granger (ed.) *Learner English on Computer*. London: Longman. 107-118.

Phillips, M. 1983. Lexical Macrostructure in Science Text. Ph.D. Dissertation. Birmingham: University of Birmingham.

Phillips, M. 1985. *Aspects of Text Structure: An Investigation of the Lexical Organisation of Text*. Amsterdam: Elsevier Science Ltd.

Phillips, M. 1989. *Lexical Structure of Text*. Birmingham: English Language Research.

Polanyi, L. 1988. A formal model of the structure of discourse. *Journal of Pragmatics* 12(5-6): 601-638.

Potts, A. 2015. Filtering the flood: semantic tagging as a method of identifying salient discourse topics in a large corpus of hurricane Katrina reportage. In P. Baker & T. McEnery (eds.). *Corpora and Discourse Studies: Integrating Discourse and Corpora*. Basingstoke: Palgrave Macmillan. 285-304.

Powers, J. & X. Xiao. 2008. *The Social Construction of SARS: Studies of a Health*

Communication Crisis. Amsterdam: John Benjamins.

Puurtinen, T. 2004. Explicitation of clausal relations: A corpus-based analysis of clause connectives in translated and non-translated Finnish children's literature. In A. Mauranen & P. Kujamäki (eds.). *Translation Universals: Do They Exist?* Amsterdam: John Benjamins. 165-176.

Qian, Y. 2010. *Discursive Constructions Around Terrorism in the People's Daily (China) and The Sun (UK) Before and After 9.11: A Corpus-based Contrastive Critical Discourse Analysis*. Bern: Peter Lang.

Rayson, P., G. Leech & M. Hodges. 1997. Social differentiation in the use of English vocabulary: Some analyses of the conversational component of the British National Corpus. *International Journal of Corpus Linguistics* 2(1): 133-152.

Sacks, H., E. Schegloff & G. Jefferson. 1974. A simplest systematics for the organization of turn taking in conversation. *Language* 50(4): 696-735.

Saeed, J. 2003. *Semantics* (2nd edition). Oxford: Blackwell.

Sardinha, T. & M. Pinto. (eds.). 2014. *Multi-dimensional Analysis, 25 Years on: A Tribute to Douglas Biber*. Amsterdam: John Benjamins.

Schiffrin, D., D. Tannen & H. Hamilton (eds.). 2001. *The Handbook of Discourse Analysis*. Oxford: Blackwell.

Schmid, H. 2000. *English Abstract Nouns as Conceptual Shells: From Corpus to Cognition*. New York: Mouton de Gruyter.

Scott, S. 1997. PC analysis of key words—key key words. *System* 25(2): 233-245.

Scott, M. & C. Tribble. 2006. *Textual Patterns: Keyword and Corpus Analysis in Language Education*. Amsterdam: John Benjamins.

Scott, M. 2009. In search of a bad reference corpus. In D. Archer (ed.). *What's in a Word-list? Investigating Word Frequency and Keyword Extraction*. Oxford: Ashgate. 79-92.

Shannon, C. 1948. A mathematical theory of communication. *The Bell System Technical Journal* 27(4): 623-656.

Silverstein, M. 1976. Shifters, linguistic categories, and cultural description. In K. Basso & H. Selby (eds.). *Meaning in Anthropology*. Albuquerque, New Mexico: University of New Mexico Press. 11-55.

Sinclair, J. 1991. *Corpus, Concordance, Collocation*. Oxford: Oxford University Press.

Sinclair, J & M. Coulthard. 1975. *Towards an Analysis of Discourse: The English Used by Teachers and Pupils*. Oxford: Oxford University Press.

Sinclair, J. 1966. Beginning the study of lexis. In C. Bazell, J. Catford, M. Halliday & R. Robins (eds.). *In Memory of J. R. Firth*. London: Longman. 410–430.

Sinclair, J. 1987. *Collins COBUILD English Language Dictionary*. London: Collins.

Sinclair, J. 1996. The search for units of meaning. *Textus* 9: 75–106.

Sinclair, J. 2004. The search for units of meaning. In J. Sinclair & K. Carter (eds.). *Trust the Text: Language, Corpus and Discourse*. London: Routledge. 9–23.

Stein, D. & S. Wright (eds.). 1995. *Subjectivity and Subjectivisation: Linguistic Perspectives*. Cambridge: Cambridge University Press.

Stubbs, M. 1983. *Discourse Analysis: The Sociolinguistic Analysis of Natural Language*. Chicago: University of Chicago Press.

Stubbs, M. 1994. Grammar, text and ideology: Computer-assisted methods in the linguistics of representation. *Applied Linguistics* 15(2): 201–223.

Stubbs, M. 1996. *Text and Corpus Analysis: Computer-assisted Studies of Language and Culture*. Oxford: Blackwell.

Stubbs, M. & A. Gerbig. 1993. Human and inhuman geography: On the computer-assisted analysis of long texts. In M. Hoey (ed.). *Data, Description, Discourse: Papers on the English Language in Honor of John Sinclair on His Sixtieth Birthday*. London: HarperCollins. 64–85.

Su, H. 2017. Local grammars of speech acts: An exploratory study. *Journal of Pragmatics* 111(1): 72–83.

Swales, J. 1990. *Genre Analysis: English in Academic and Research Settings*. Cambridge: Cambridge University Press.

Tannen, D. (ed.). 1982. *Spoken and Written Language: Exploring Orality and Literacy*. Norwood, N.J.: Ablex.

Tannen, D., H. Hamilton & D. Schiffrin. 2015. *The Handbook of Discourse Analysis* (2nd edition). Chichester: Wiley Blackwell.

Tardy, C. 2012. Current conceptions of voice. In K. Hyland & C. Guinda (eds.). 2012. *Stance and Voice in Written Academic Genres*. London: Palgrave Macmillan. 34–48.

Teich, E. 2003. *Cross-linguistic Variation in System and Text: A Methodology for the Investigation of Translations and Comparable Texts*. Berlin: Mouton de Gruyter.

Teubert, W. 2007. Parole-linguistics and the diachronic dimension of the discourse. In M. Hoey, M. Mahlberg, M. Stubbs & W. Teubert (eds.). *Text, Discourse and Corpora: Theory and Analysis*. London: Continuum. 57-87.

Teubert, W. 2010. *Meaning, Discourse and Society*. Cambridge: Cambridge University Press.

The PAD Research Group. 2016. Not so "innocent" after all? Exploring corporate identity construction online. *Discourse & Communication* 10(3): 291-313.

Thompson, G. & Y. Ye. 1991. Evaluation in the reporting verbs used in academic papers. *Applied Linguistics* 12(4): 365-382.

Thorndike, E. 1935. *The Thorndike-century Junior Dictionary*. New York: Scott, Foresman and Company.

Tognini-Bonelli, E. 2001. *Corpus Linguistics at Work*. Amsterdam: John Benjamins.

Toury, G. 1995. *Descriptive Translation Studies and Beyond*. Amsterdam: John Benjamins.

Van Dijk, T. 2017. Socio-cognitive discourse studies. In J. Flowerdew & J. Richardson (eds.). *The Routledge Handbook of Critical Discourse*. London: Routledge. 26-43.

Wang, F. 2013. A Social Constructionist Analysis of the Discourse of Mental Depression in British and Chinese News: A Corpus-based Study. Ph.D. Dissertation. Birmingham: University of Birmingham.

Weisser, M. 2016. *Practical Corpus Linguistics: An Introduction to Corpus-based Language Analysis*. Chichester: Wiley-Blackwell.

Wennerstrom, A. 2001. *The Music of Everyday Speech: Prosody and Discourse Analysis*. New York: Oxford University Press.

West, M. & J. Endicott. 1935. *A New Method English Dictionary: Explaining the Meaning of 24,000 Items within a Vocabulary of 1,490 Words*. London: Longmans, Green and Co.

White, M. 1994. *Language in Job Interviews: Differences Relating to Success and Socioeconomic Variables*. Ph.D. Dissertation. Flagstaff: Northern Arizona University.

Williams, R. 1976. *Keywords: A Vocabulary of Culture and Society*. New York: Oxford University Press.

Willis, R. 2017. Taming the climate? Corpus analysis of politicians' speech on climate change. *Environmental Politics* 26(2): 212-231.

Wodak, R. & P. Chilton (eds.). 2005. *A New Agenda in (Critical) Discourse Analysis: Theory, Methodology and Interdisciplinarity.* Amsterdam: John Benjamins.

Wodak, R., R. Cillia, M. Reisigl & K. Liebhart. 2009. *The Discursive Construction of National Identity* (2nd edition). Edinburgh: Edinburgh University Press.

Wynne, M. (ed.). 2005. *Developing Linguistic Corpora: A Guide to Good Practice.* Oxford: Oxbow Books.

Xiao, R. 2009. Multidimensional analysis and the study of world Englishes. *World Englishes* 28(4): 421-450.

Xiao, R. 2010. How different is translated Chinese from native Chinese? A corpus-based study of translation universals. *International Journal of Corpus Linguistics* 15(1): 5-35.

Xiao, R. & G. Dai. 2014. Lexical and grammatical properties of translational Chinese: Translation universal hypotheses reevaluated from the Chinese perspective. *Corpus Linguistics and Linguistic Theory* 10(1): 11-55.

Xiao, Z. & T. McEnery. 2005. Two approaches to genre analysis: Three genres in modern American English. *Journal of English Linguistics* 33(1): 62-82.

Xu, J. 2015. Corpus-based Chinese studies: A historical review from the 1920s to the present. *Chinese Language and Discourse* 6(2): 218-244.

Xu, J. & M. Liang. 2013. A tale of two C's: Comparing English varieties with Crown and CLOB (The 2009 Brown family corpora). *ICAME Journal* 37: 175-183.

Yang, M. 2014. *Carrying a Torch: The Beijing Olympic Torch Relay in the British and Chinese Media.* Oxford: Peter Lang.

Zhang, R. 2014. *Sadness Expressions in English and Chinese: Corpus Linguistic Contrastive Semantic Analysis.* London: Bloomsbury.

杜慧颖、蔡金亭，2013，基于Coh-Metrix的中国英语学习者议论文写作质量预测模型研究，《现代外语》（3）：293-300。

高歌、卫乃兴，2017，意义移变单位的意涵及分析程序，《外语与外语教学》（6）：12-21。

桂诗春，2009，《基于语料库的英语语言学语体分析》。北京：外语教学与研究出版社。

国务院学位委员会第六届学科评议组，2013，《学位授予和人才培养一级学科简介》。

北京：高等教育出版社。

何莲珍、孙悠夏，2015，提示特征对中国学生综合写作任务的影响研究，《外语教学与研究》（2）：237-250。

胡显耀，2010，基于语料库的汉语翻译语体特征多维度分析，《外语教学与研究》（6）：451-458。

胡壮麟，1994，《语篇的衔接与连贯》。上海：上海外语教育出版社。

黄立波，2008，英汉翻译中人称代词主语的显化——基于语料库的考察，《外语教学与研究》（6）：454-459。

姜峰，2015a，中美学生论说文的立场名词表达——基于语料库的对比研究，《外语与外语教学》（5）：8-14。

姜峰，2015b，本质、特征、关系：外壳名词三分法及人际功能研究，《语料库语言学》（2）：62-74。

姜峰，2016，外壳名词的立场建构与人际功能，《现代外语》（4）：470-482。

江进林，2016，Coh-Metrix工具在外语教学与研究中的应用，《中国外语》（5）：58-65。

江进林、许家金，2015，基于语料库的商务英语语域特征多维分析，《外语教学与研究》（2）：67-78。

鞠玉梅，2016，学术写作中引述句的主语特征与身份构建研究，《外语教学与研究》（6）：926-936。

柯飞，2005，翻译中的隐和显，《外语教学与研究》（4）：303-307。

雷秀云、杨惠中，2001，基于语料库的研究方法及MF/MD模型与学术英语语体研究，《当代语言学》（2）：143-151。

李晶洁、卫乃兴，2013，学术文本中短语序列的语篇行为，《外语教学与研究》（2）：200-213。

李文中，2017，KWIC索引方法的演变及其意义，《语料库语言学》（1）：76-88。

连淑能，1993，《英汉对比研究》。北京：高等教育出版社。

梁茂成，2006，学习者书面语语篇连贯性的研究，《现代外语》（3）：284-292。

梁茂成、刘霞，2014，语篇内部的短语学特征分布模式探索——以学术论文为例，《解放军外国语学院学报》（4）：1-11。

梁茂成、李文中、许家金，2010，《语料库应用教程》。北京：外语教学与研究出版社。

梁云、张淼淼、佟毅，2017，社交媒体视角下的"一带一路"沿线国家中国形象分析——基于社交网站VKONTAKTE的中国报道，《新疆师范大学学报（哲学社会科学版）》（5）：128-136。

廖卫民、钱毓英，2012，民生新闻传播与社会幸福感评估——基于浙江省媒体语料库的实证分析，《当代传播》（3）：21-25。

刘国兵，2013，基于衔接特征的英语学习者书面语语篇连贯自动评价研究。博士学位论文。北京：北京外国语大学。

刘国兵，2016，词汇衔接理论视角下的英语学习者书面语语篇连贯评价研究，《中国外语教育》（2）：33-43。

刘国兵，2017，大学英语学习者书面语语篇连贯自动评价模型的创建，《解放军外国语学院学报》（5）：89-95。

刘文宇、李珂，2017，报刊和微博中老年人身份建构差异研究，《外语与外语教学》（6）：71-80。

刘霞、许家金、刘磊，2014，基于CiteSpace的国内语料库语言学研究概述（1998—2013），《语料库语言学》（1）：69-77。

刘霞，2016，英语学术论文摘要语步结构自动识别模型的构建。博士学位论文。北京：北京外国语大学。

刘小燕、惠燕，2010，中国学习者语域意识的多维向分析，《哈尔滨学院学报》（2）：113-118。

龙满英、许家金，2010，大学生英汉同题议论文中立场标记的对比研究，《外语与外语教学》（3）：21-24。

吕叔湘，1999，《现代汉语八百词（增订本）》。北京：商务印书馆。

马广惠，2009，英语专业学生二语限时写作中的词块研究，《外语教学与研究》（1）：54-60。

马晓雷、陈颖芳，2016，基于共词分析的语料库语言学研究现状分析（1971—2015），《语料库语言学》（1）：41-54。

缪海燕，2017，外语写作互动的语篇协同研究，《现代外语》（5）：630-641。

苗兴伟、秦洪武，2010，《英汉语篇语用学研究》。上海：上海外语教育出版社。

潘璠，2012a，中国非英语专业本科生和研究生书面语体的多特征多维度调查，《外语教学与研究》（2）：220-232。

潘璠，2012b，语用视角下的中外学术论文立场副词对比研究，《解放军外国语学院学报》（5）：9-12，74。

庞超伟，2013，伊拉克战争合法性的话语重建——一项基于布什伊战演讲语料库的评价研究，《外语研究》（4）：41-48。

彭焕萍，2008，《媒介与商人：1983—2005<经济日报>商人形象话语研究》。北京：华夏出版社。

钱毓芳，2010，语料库与批判话语分析，《外语教学与研究》（3）：198-202。

钱毓芳，2016，英国主流报刊关于低碳经济的话语建构研究，《外语与外语教学》（2）：25-35。

钱毓芳、T. McEnery，2017，A corpus-based discourse study of Chinese medicine in UK national newspapers，《外语教学与研究》（1）：73-84。

钱毓芳、黄晓琴，2016，英美主流报刊关于"中国梦"的话语建构研究，《天津外国语大学学报》（4）：15-21。

钱毓芳、田海龙，2011，话语与中国社会变迁：以政府工作报告为例，《外语与外语教学》（3）：40-43。

任小华，2015，翻译汉语中人称代词的显化：基于语料库的研究，《解放军外国语学院学报》（2）：125-133。

荣红，2007，基于语料库的社会语言学变异研究——《英语变异之多维度研究》评介，《外语学刊》（1）：138-141。

邵斌、回志明，2014，西方媒体视野里的"中国梦"——一项基于语料库的批评话语分析，《外语研究》（6）：28-33。

宋仁福，2016，"语篇瓦片叠压"（TextTiling）技术解析，《语料库语言学》（2）：86-95。

苏杭、卫乃兴，2017，评价语言的局部语法研究，《中国外语》（3）：28-35。

苏晓军，2009，认知语言学的社会转向，《外国语》（5）：47-51。

唐丽萍，2016，《美国大报之中国形象的语料库语言学方法辅助下的批评话语分析》。北京：高等教育出版社。

田兵，2007，20世纪英语高阶学习词典研究，《外语教学与研究》（1）：62-68。

王克非、胡显耀，2008，基于语料库的翻译汉语词汇特征研究，《中国翻译》（6）：16-21。

王立非、江进林，2011，全国商务英语考试的设计与信效度研究，《外语与外语教学》（6）：35-40。

王宁，2009，翻译研究的文化转向：解构主义的推进，《清华大学学报》（6）：127-139。

王义娜、李银美，2016，汉英主题结构的标记性：基于口语语料库的话语认知分析，《外国语》（6）：34-45。

卫乃兴、张毓，2016，概指名词研究：概念框架、分析路径与技术方法，《外语与外语教学》（5）：1-11。

魏向清等，2014，《中国辞书发展状况报告（1978—2008）》。北京：商务印书馆。

文秋芳，2009，学习者英语语体特征变化的研究，《外国语》（4）：2-10。

文秋芳、丁言仁、王文宇，2003，中国大学生英语书面语中的口语化倾向，《外语教学与研究》（4）：268-274。

吴格奇，2013，学术论文作者自称与身份构建——一项基于语料库的英汉对比研究，《解放军外国语学院学报》（3）：6-11。

武姜生，2001，语域变异的多维向分析模式简介，《解放军外国语学院学报》（3）：6-9。

武姜生，2004，学术交流e-mail文体特征的多维度分析，《外语与外语教学》（2）：53-57。

肖忠华、戴光荣，2010，寻求"第三语码"——基于汉语译文语料库的翻译共性研究，《外语教学与研究》（1）：52-58。

肖忠华、曹雁，2014，中外作者科技论文英文摘要多维度语步对比研究，《外语教学与研究》（2）：260-272。

徐昉，2011，中国学生英语学术写作中身份语块的语料库研究，《外语研究》（3）：57-63。

许家金，2004，从结构和功能看话语分析诸研究方法，《解放军外国语学院学报》（2）：1-5。

许家金，2010，从词语到话语：通过语料库开展话语研究，《中国英语教育》（1）：11-19。

许家金，2013，中国大学生英汉口头叙事中的话语评价研究，《外语教学与研究》（1）：69-79。

许家金，2014，许家金谈语料库语言学的本体与方法，《语料库语言学》（2）：35-44。

许家金，2016，基于可比语料库的英语译文词义泛化研究，《中国翻译》（2）：16-21。

许家金，2017a，语料库研究学术源流考，《外语教学与研究》（1）：51-63。

许家金，2017b，体裁短语学视角下的医学学术英语词典研编，《外语与外语教学》（6）：56-64。

许家金、贾云龙，2013，基于R-gram的语料库分析软件PowerConc的设计与开发，《外语电化教学》（1）：57-62。

许家金、李潇辰，2014，基于BNC语料库的男性女性家庭角色话语建构研究，《解放军外国语学院学报》（1）：10-17。

许家金、梁茂成，2011，创建子语料库，促成对比研究，《当代外语研究》（10）：6-9。

许家金、刘霞，2014，中国英语学习者口头叙事话语中的人物指称研究，《外语与外语教学》（2）：54-59。

许家金、吴良平，2014，基于网络的第四代语料库分析工具CQPweb及应用实例，《外语电化教学》（5）：10-15。

许家金、徐秀玲，2016，基于可比语料库的翻译英语衔接显化研究，《外语与外语教学》（6）：94-102。

许家金、许宗瑞，2007，中国大学生英语口语中的互动话语词块研究，《外语教学与研究》（6）：437-443。

许文胜、张柏然，2006，基于英汉名著语料库的因果关系连词对比研究，《外语教学与研究》（4）：292-296。

张德禄，2000，论语篇连贯，《外语教学与研究》（2）：103-109。

张德禄，2001，论衔接，《外国语》（2）：23-28。

张德禄，2002，衔接与文体——指称与词汇衔接的文体特征，《外语与外语教学》（10）：1-7。

张德禄，2003，《语篇衔接与连贯的理论的发展及应用》。上海：上海外语教育出版社。

张继东、席龙井，2016，社会科学学术语篇it v-link ADJ that/to-inf型式评价取向研究，《西安外国语大学学报》（1）：40-45。

张济华、高钦、王蓓蕾，2009，语料库与大学专门用途英语（ESP）词汇教学探讨，《外语界》（3）：17-23。

张克定，2001，英语倒装句的语篇功能，《外国语》（5）：18-24。

张克定，2007，主位化评述结构及其评价功能，《外语教学》（5）：14-17。

张克定，2011，英语方位倒装构式的认知语篇研究，《外语教学与研究》（4）：529-539。

张克定，2012，英语句首空间附加语的语篇功能，《中国外语》（5）：28-33。

张磊、卫乃兴，2017，中外法律学者学术论文评价局部语法型式对比研究，《解放军外国语学院学报》（3）：10-18。

张立英、李可，2017，小品词在语篇分析中的作用——《纽约时报》反恐语料库中against所揭示的反恐策略，《解放军外国语学院学报》（4）：44-52。

张晓鹏，2016，读后续写对二语写作过程影响的多维分析，《外语界》（6）：86-94。

章柏成、许家金，2013，基于布朗家族语料库的英语现在进行体的历时考察，《外语教学》（1）：42-47。

章宜华，2015，《二语习得与学习词典研究》。北京：商务印书馆。

赵世开，1999，指称。载赵世开（编），《汉英对比语法论集》。上海：上海外语教育出版社。9-37。

郑述谱，2008，专科词典编纂的学科依托——术语学，《辞书研究》（6）：1-7。

郑杨，1998，城市旅游休闲服务网络的建设——美国旅游咨询服务的考察与思索，《旅游学刊》（2）：33-36。

附录一　TreeTagger词性标注代码说明

CC	Coordinating conjunction	并列连词
CD	Cardinal number	基数词
DT	Article and determiner	限定词
EX	Existential there	存在句标志there
FW	Foreign word	外来语
IN	Preposition or subordinating conjunction	介词或从属连词
JJ	Adjective	形容词
JJR	Comparative adjective	形容词比较级
JJS	Superlative adjective	形容词最高级
LS	List item marker	列举标记
MD	Modal verb	情态动词
NN	Common noun, singular or mass	单数或集体普通名词
NNS	Common noun, plural	复数普通名词
NP	Proper noun, singular	单数专有名词
NPS	Proper noun, plural	复数专有名词
PDT	Predeterminer	限定词前修饰词
POS	Possessive ending	所有格词尾
PP	Personal pronoun	人称代词
PP$	Possessive pronoun	物主代词
RB	Adverb	副词
RBR	Comparative adverb	副词比较级

RBS	Superlative adverb	副词最高级
RP	Particle	小品词
SENT	End of sentence punctuation (., !, ?)	句末标点
SYM	Symbol	特殊符号
TO	to	to
UH	Exclamation or interjection	感叹词
VB	BE verb, base form (be)	be动词原形
VBD	Past tense verb of BE (was, were)	be动词过去时（was、were）
VBG	Gerund or present participle of BE verb (being)	being
VBN	Past participle of BE verb (been)	been
VBP	Present tense (other than 3rd person singular) of BE verb (am, are)	am/are
VBZ	Present tense (3rd person singular) of BE verb (is)	is
VD	DO verb, base form (do)	do
VDD	Past tense verb of DO (did)	did
VDG	Gerund or present participle of DO verb (doing)	doing
VDN	Past participle of DO verb (done)	done
VDP	Present tense (other than 3rd person singular) of DO verb (do)	do
VDZ	Present tense (3rd person singular) of DO verb (does)	does
VH	HAVE verb, base form (have)	have
VHD	Past tense verb of HAVE (had)	had
VHG	Gerund or present participle of HAVE verb (having)	having
VHN	Past participle of HAVE verb (had)	had
VHP	Present tense (other than 3rd person singular) of HAVE verb (have)	have
VHZ	Present tense (3rd person singular) of HAVE verb (has)	has
VV	Lexical verb, base form (e. g. live)	实义动词原形

VVD	Past tense verb of lexical verb (e.g. lived)	实义动词过去时
VVG	Gerund or present participle of lexical verb (living)	实义动词ing形式
VVN	Past participle of lexical verb (lived, shown)	实义动词过去分词
VVP	Present tense (other than 3rd person singular) of lexical verb (live)	第三人称单词外实义动词现在时
VVZ	Present tense (3rd person singular) of lexical verb (lives)	第三人称单数实义动词
WDT	Wh-determiner	which
WP	Wh-pronoun	who、what
WP$	Possessive wh-pronoun	whose
WRB	Wh-adverb	特殊疑问副词

附录二　USAS online English tagger（一级）语义类别

A:　General and Abstract Terms（抽象名词）

B:　The Body & the Individual（身体与个人）

C:　Arts & Crafts（艺术与手艺）

E:　Emotional Actions, States & Processes（情感行为、状态与过程）

F:　Food & Farming（食物与农产品）

G:　Government & the Public Domain（政府机构与公共部门）

H:　Architecture, Buildings, Houses & the Home（建筑、房屋、住宅）

I:　Money & Commerce in Industry（工业或产业中的金钱与商务）

K:　Entertainment, Sports and Games（娱乐、体育、游戏）

L:　Life and Living Things（生活与生命）

M:　Movement, Location, Travel & Transport（位移、地点、旅行及交通）

N:　Numbers & Measurement（数字及度量单位）

O:　Substances, Materials, Objects & Equipment（物质、材料、物件及装备）

P:　Education（教育）

Q:　Linguistic Actions, States & Processes: Communication（语言交际相关的行为、状态及过程）

S:　Social Actions, States & Processes（社会行为、状态及过程）

T:　Time（时间）

W:　The World & Our Environment（世界与人居环境）

X:　Psychological Actions, States & Processes（心理行为、状态及过程）

Y:　Science & Technology（科学与技术）

Z:　Names and Grammatical Words（名词与语法词）

附录三 典型元话语名词（Jiang & Hyland 2018）

Entity Text	Event	Discourse	Cognition
Extract	Act	Account	Aim
Paper	Action	Admonition	Analysis
Report	Activity	Advice	Assumption
Research	Attempt	Announcement	Belief
Study	Case	Argument	Concept
Thesis	Change	Assertion	Concern
	Demonstration	Claim	Decision
	Discovery	Commitment	Desire
	Effort	Conclusion	Doubt
	Event	Contention	Expectation
	Evidence	Criticism	Goal
	Example	Critique	Hope
	Exception	Debate	Hypothesis
	Exercise	Description	Idea
	Experience	Discussion	Incentive
	Fact	Explanation	Intention
	Finding	Insistance	Judgment
	Instance	Instruction	Knowledge
	Interaction	Interpretation	Motivation
	Observation	Justification	Notion
	Phenomenon	Permission	Purpose
	Practice	Proposal	Recognition
	Procedure	Proposition	Sense
	Process	Remark	Understanding
	Step	Request	View
	Task	Response	Willingness
	Test	Statement	
	Trial	Suggestion	

Quality	Status	Manner	Relation
Advantage	Ability	Approach	Basis
Benefit	Authority	Condition	Consequence
Burden	Capability	Context	Difference
Challenge	Capacity	Direction	Effect
Cost	Certainty	Extent	End
Danger	Chance	Form	Ground
Difficulty	Choice	Framework	Impact
Disadvantage	Duty	Manner	Outcome
Drawback	Fact	Means	Premise
Ease	(constrastive)	Mechanism	Rationale
Evil	Feasibility	Method	Reason
Failure	Impossibility	Mode	Relation
Importance	Inability	Paradigm	Relationship
Limitation	Likelihood	Pattern	Result
Merit	Necessity	Period	
Mistake	Need	Scenario	
Obstacle	Obligation	Scheme	
Pitfall	Opportunity	Setting	
Plausibility	Option	Structure	
Problem	Possibility	Time	
Risk	Potential	Way	
Significance	Power		
Sin	Probability		
Success	Propensity		
Threat	Right		
Trouble	Uncertainty		
Usefulness			
Value			

附录四 Coh-Metrix106个语言指标列表

#	标签	说明
1	DESPC	Paragraph count, number of paragraphs
2	DESSC	Sentence count, number of sentences
3	DESWC	Word count, number of words
4	DESPL	Paragraph length, number of sentences in a paragraph, mean
5	DESPLd	Paragraph length, number of sentences in a paragraph, standard deviation
6	DESSL	Sentence length, number of words, mean
7	DESSLd	Sentence length, number of words, standard deviation
8	DESWLsy	Word length, number of syllables, mean
9	DESWLsyd	Word length, number of syllables, standard deviation
10	DESWLlt	Word length, number of letters, mean
11	DESWLltd	Word length, number of letters, standard deviation
12	PCNARz	Text Easability PC Narrativity, z-score
13	PCNARp	Text Easability PC Narrativity, percentile
14	PCSYNz	Text Easability PC Syntactic simplicity, z-score
15	PCSYNp	Text Easability PC Syntactic simplicity, percentile
16	PCCNCz	Text Easability PC Word concreteness, z-score
17	PCCNCp	Text Easability PC Word concreteness, percentile
18	PCREFz	Text Easability PC Referential cohesion, z-score

#	标签	说明
19	PCREFp	Text Easability PC Referential cohesion, percentile
20	PCDCz	Text Easability PC Deep cohesion, z-score
21	PCDCp	Text Easability PC Deep cohesion, percentile
22	PCVERBz	Text Easability PC Verb cohesion, z-score
23	PCVERBp	Text Easability PC Verb cohesion, percentile
24	PCCONNz	Text Easability PC Connectivity, z-score
25	PCCONNp	Text Easability PC Connectivity, percentile
26	PCTEMPz	Text Easability PC Temporality, z-score
27	PCTEMPp	Text Easability PC Temporality, percentile
28	CRFNO1	Noun overlap, adjacent sentences, binary, mean
29	CRFAO1	Argument overlap, adjacent sentences, binary, mean
30	CRFSO1	Stem overlap, adjacent sentences, binary, mean
31	CRFNOa	Noun overlap, all sentences, binary, mean
32	CRFAOa	Argument overlap, all sentences, binary, mean
33	CRFSOa	Stem overlap, all sentences, binary, mean
34	CRFCWO1	Content word overlap, adjacent sentences, proportional, mean
35	CRFCWO1d	Content word overlap, adjacent sentences, proportional, standard deviation
36	CRFCWOa	Content word overlap, all sentences, proportional, mean
37	CRFCWOad	Content word overlap, all sentences, proportional, standard deviation
38	LSASS1	LSA overlap, adjacent sentences, mean
39	LSASS1d	LSA overlap, adjacent sentences, standard deviation
40	LSASSp	LSA overlap, all sentences in paragraph, mean
41	LSASSpd	LSA overlap, all sentences in paragraph, standard deviation
42	LSAPP1	LSA overlap, adjacent paragraphs, mean
43	LSAPP1d	LSA overlap, adjacent paragraphs, standard deviation
44	LSAGN	LSA given/new, sentences, mean
45	LSAGNd	LSA given/new, sentences, standard deviation
46	LDTTRc	Lexical diversity, type-token ratio, content word lemmas
47	LDTTRa	Lexical diversity, type-token ratio, all words

#	标签	说明
48	LDMTLD	Lexical diversity, MTLD, all words
49	LDVOCD	Lexical diversity, VOCD, all words
50	CNCAll	All connectives incidence
51	CNCCaus	Causal connectives incidence
52	CNCLogic	Logical connectives incidence
53	CNCADC	Adversative and contrastive connectives incidence
54	CNCTemp	Temporal connectives incidence
55	CNCTempx	Expanded temporal connectives incidence
56	CNCAdd	Additive connectives incidence
57	CNCPos	Positive connectives incidence
58	CNCNeg	Negative connectives incidence
59	SMCAUSv	Causal verb incidence
60	SMCAUSvp	Causal verbs and causal particles incidence
61	SMINTEp	Intentional verbs incidence
62	SMCAUSr	Ratio of casual particles to causal verbs
63	SMINTEr	Ratio of intentional particles to intentional verbs
64	SMCAUSlsa	LSA verb overlap
65	SMCAUSwn	WordNet verb overlap
66	SMTEMP	Temporal cohesion, tense and aspect repetition, mean
67	SYNLE	Left embeddedness, words before main verb, mean
68	SYNNP	Number of modifiers per noun phrase, mean
69	SYNMEDpos	Minimal Edit Distance, part of speech
70	SYNMEDwrd	Minimal Edit Distance, all words
71	SYNMEDlem	Minimal Edit Distance, lemmas
72	SYNSTRUTa	Sentence syntax similarity, adjacent sentences, mean
73	SYNSTRUTt	Sentence syntax similarity, all combinations, across paragraphs, mean
74	DRNP	Noun phrase density, incidence
75	DRVP	Verb phrase density, incidence
76	DRAP	Adverbial phrase density, incidence
77	DRPP	Preposition phrase density, incidence

#	标签	说明
78	DRPVAL	Agentless passive voice density, incidence
79	DRNEG	Negation density, incidence
80	DRGERUND	Gerund density, incidence
81	DRINF	Infinitive density, incidence
82	WRDNOUN	Noun incidence
83	WRDVERB	Verb incidence
84	WRDADJ	Adjective incidence
85	WRDADV	Adverb incidence
86	WRDPRO	Pronoun incidence
87	WRDPRP1s	First person singular pronoun incidence
88	WRDPRP1p	First person plural pronoun incidence
89	WRDPRP2	Second person pronoun incidence
90	WRDPRP3s	Third person singular pronoun incidence
91	WRDPRP3p	Third person plural pronoun incidence
92	WRDFRQc	CELEX word frequency for content words, mean
93	WRDFRQa	CELEX Log frequency for all words, mean
94	WRDFRQmc	CELEX Log minimum frequency for content words, mean
95	WRDAOAc	Age of acquisition for content words, mean
96	WRDFAMc	Familiarity for content words, mean
97	WRDCNCc	Concreteness for content words, mean
98	WRDIMGc	Imagability for content words, mean
99	WRDMEAc	Meaningfulness, Colorado norms, content words, mean
100	WRDPOLc	Polysemy for content words, mean
101	WRDHYPn	Hypernymy for nouns, mean
102	WRDHYPv	Hypernymy for verbs, mean
103	WRDHYPnv	Hypernymy for nouns and verbs, mean
104	RDFRE	Flesch Reading Ease
105	RDFKGL	Flesch-Kincaid Grade level
106	RDL2	Coh-Metrix L2 Readability

附录五　Biber（1988）研究中所用的67个语言特征

A. 时、体标记语（Tense and aspect markers）
    1. 过去时态（Past tense）
    2. 完成时态（Perfect aspect）
    3. 现在时态（Present tense）

B. 地点和时间状语（Place and time adverbials）
    4. 地点状语（Place adverbials）
    5. 时间状语（Time adverbials）

C. 代词和代动词（Pronouns and pro-verbs）
    6. 第一人称代词（First person pronouns）
    7. 第二人称代词（Second person pronouns）
    8. 第三人称代词（Third person personal pronouns except 'it'）
    9. 代词 it（Pronoun it）
    10. 指示代词（Demonstrative pronouns）
    11. 不定代词（Indefinite pronouns）
    12. 代动词 do（Pro-verb do）

D. 疑问句（Questions）
    13. 特殊疑问句（Direct WH-questions）

E. 名词形式（Nominal forms）

    14. 名词化（Nominalizations）

    15. 动名词（Gerunds）

    16. 其他名词（Total other nouns）

F. 被动式（Passives）

    17. 无主被动式（Agentless passives）

    18. by 被动式（By-passives）

G. 状态形式（Stative forms）

    19. be 作主要动词（Be as main verb）

    20. 存在句（Existential there）

H. 从属特征（Subordination）

    21. that 从句作动词补语（That verb complements）

    22. that 从句作形容词补语（That adjective complements）

    23. WH 词引导宾语从句（WH-clauses）

    24. 不定式（Infinitives）

    25. 现在分词短语（Present participial clauses）

    26. 过去分词短语（Past participial clauses）

    27. 过去分词省略 WH 式（Past participial WHIZ deletion relatives）

    28. 现在分词省略 WH 式（Present participial WHIZ deletion relatives）

    29. that 引导关系从句（在从句中作主语）（That relative clauses on subject position）

    30. that 引导关系从句（在从句中作宾语）（That relative clauses on object position）

    31. WH 词引导关系从句（在从句中作主语）（WH relative clauses on subject position）

    32. WH 词引导关系从句（在从句中作宾语）（WH relative clauses on object positions）

    33. 介词前移的关系从句（Pied-piping relative clauses）

    34. 非限制性定语从句（Sentence relatives）

35. 原因状语从句（Causative adverbial subordinators: because）
36. 让步状语从句（Concessive adverbial subordinators: although, though）
37. 条件状语从句（Conditional adverbial subordinators: if, unless）
38. 其他状语从句（Other adverbial subordinators: (having multiple functions)）

I. 介词短语、形容词和副词（Prepositional phrases, adjectives and adverbs）
  39. 介词短语（Total prepositional phrases）
  40. 定语形容词（Attributive adjectives）
  41. 表语形容词（Predicative adjectives）
  42. 副词（Total adverbs）

J. 词汇表征（Lexical specificity）
  43. 型次比（Type/token ratio）
  44. 平均词长（Word length）

K. 词类（Lexical classes）
  45. 连词（Conjuncts）
  46. 减弱语（Downtoners）
  47. 模糊语（Hedges）
  48. 增强语（Amplifiers）
  49. 强势语（Emphatics）
  50. 话语小品词（Discourse particles）
  51. 指示语（Demonstratives）

L. 情态词（Modals）
  52. 可能情态（Possibility modals）
  53. 需要情态（Necessity modals）
  54. 预期情态（Prediction modals）

M. 特定动词类（Specialized verb classes）

    55. 公共型认知动词（Public verbs）

    56. 私用性动词（Private verbs）

    57. 说服性动词（Persuasive verbs）

    58. seem 和 appear（Seem/appear）

N. 简化形式和非首选结构（Reduced forms and dispreferred structures）

    59. 缩略形式（Contractions）

    60. 省略 that 的宾语从句（Subordinator-that deletion）

    61. 介词悬空（Stranded prepositions）

    62. 分裂不定式（Split infinitives）

    63. 分裂助动词（Split auxiliaries）

O. 并列（Coordination）

    64. 联合短语（Phrasal coordination）

    65. 普通并列（Independent clause coordination）

F. 否定式（Negation）

    66. 合成性否定（Synthetic negation）

    67. 分析性否定（Analytic negation）

推荐文献

Aijmer, K. & C. Rühlemann. (eds.). 2014. *Corpus Pragmatics: A Handbook.* Cambridge: Cambridge University Press.

Baker, P. & J. Egbert (eds.). 2016. *Triangulating Methodological Approaches in Corpus Linguistic Research.* New York: Routledge.

Baker, P. & T. McEnery (eds.). 2015. *Corpora and Discourse Studies: Integrating Discourse and Corpora.* Basingstoke: Palgrave Macmillan.

Baker, P. 2006. *Using Corpora in Discourse Analysis.* London: Continuum.

Biber, D. 1988. *Variation across Speech and Writing.* Cambridge: Cambridge University Press.

Gee, J. & M. Handford (eds.). 2013. *The Routledge Handbook of Discourse Analysis.* London: Routledge.

Hunston, S. & G. Thompson (eds.). 2000. *Evaluation in Text: Authorial Stance and the Construction of Discourse.* Oxford: Oxford University Press.

Hunston, S. 2011. *Corpus Approaches to Evaluation: Phraseology and Evaluative Language.* New York: Routledge.

Hyland, K. 2005. *Metadiscourse: Exploring Interaction in Writing.* London: Continuum.

Jucker, A., D. Schreier & M. Hundt (eds.). 2009. *Corpora: Pragmatics and Discourse.* Amsterdam: Rodopi.

Parington, A., J. Morley & L. Haarman. (eds.). 2004. *Corpora and Discourse.* Bern: Peter

Lang.

Partington, A. & A. Duguid. 2013. *Patterns and Meanings in Discourse: Theory and Practice in Corpus-assisted Discourse Studies*. Amsterdam: John Benjamins.

Sardinha, T. & M. Pinto. (eds.). 2014. *Multi-Dimensional Analysis, 25 Years On: A Tribute to Douglas Biber*. Amsterdam: John Benjamins.

Stubbs, M. 1996. *Text and Corpus Analysis: Computer-assisted Studies of Language and Culture*. Oxford: Blackwell.

Tannen, D., H. Hamilton & D. Schiffrin. 2015. *The Handbook of Discourse Analysis* (Second Edition). Chichester: Wiley Blackwell.

Taylor, C. & A. Marchi. (eds.). 2018. *Corpus Approaches to Discourse*. London: Routledge.

索引